# Getting Things Done for Teens

# 搞定（青少年版）

[美] 戴维·艾伦 (David Allen)　[美] 迈克·威廉斯 (Mike Williams)　[美] 马克·华莱士 (Mark Wallace)——著　周隽——译

中信出版集团 | 北京

**图书在版编目（CIP）数据**

搞定：青少版 /（美）戴维·艾伦，（美）迈克·威廉斯，（美）马克·华莱士著；周隽译 . -- 北京：中信出版社，2021.1（2024.12重印）

书名原文：Getting Things Done for Teens

ISBN 978-7-5217-1414-2

Ⅰ. ①搞⋯ Ⅱ. ①戴⋯ ②迈⋯ ③马⋯ ④周⋯ Ⅲ. ①时间—管理—青少年读物 Ⅳ. ① C935-49

中国版本图书馆 CIP 数据核字（2020）第 029664 号



**搞定（青少版）**

著　　者：[美] 戴维·艾伦 [美] 迈克·威廉斯 [美] 马克·华莱士

译　　者：周隽

出版发行：中信出版集团股份有限公司

（北京市朝阳区东三环北路 27 号嘉铭中心　邮编　100020）

承 印 者：河北鹏润印刷有限公司

开　　本：880mm × 1230mm　1/24　　印　　张：12.5　　字　　数：240 千字

版　　次：2021 年 1 月第 1 版　　印　　次：2024 年 12 月第 3 次印刷

京权图字：01–2019–2989

书　　号：ISBN 978–7–5217–1414–2

定　　价：59.00 元

—— **戴维·艾伦** ——

献给新一代的年轻人，你们将比我们更早学会把“问题”视为“项目”。

—— **迈克·威廉斯** ——

献给艾莉安娜、汉纳和康莱德，你们启发了我、鼓励了我、教导了我。

献给世界各地养育孩子和希望做出改变的大人。

—— **马克·华莱士** ——

献给我最了不起的妻子、不可思议的孩子们、无私奉献的亲人、义气相挺的朋友，

以及有勇气做出下一步行动的每一个人。

# 目 录

前言 VII

致家长和老师：教会孩子人生技能 XI

致青少年：找到做好每件事的方法 XV

热身准备 XVII

第一部分 审视日常生活

什么是 GTD？ 003

青少年压力来源 005

世界越来越复杂 005

网络和大量信息 008

未来难预料 010

思考能力堪忧 011

两大陷阱 014

陷阱一：超负荷与挫败感 015

陷阱二：注意力缺失 017

只能独自面对 020

看完本书，你将认识…… 020

准备好了的状态 020

你是否处在准备好了的状态 021

为任何事做好准备的状态 022

**开始练习** 024
你能够在需要时进入准备好了的状态吗？ 024
你准备好面对没准备好的状态了吗？ 024
杂事 026
哪些事是杂事？ 027
强劲的对手 027
杂事和睡眠 029
掌控力与视角 032
掌控力 + 视角 = 准备好 033

**提高效率的好习惯** 035
换个角度思考 036
生活中的例子 040

**本章总结** 041

# 第二部分 —— 用 GTD 搞定一切


**搞定五步骤：头脑大扫除** 045

捕捉：把杂事放进收集篮 047

理清：确认下一步行动 080

整理：建立快速存取系统 113

检视：回顾并更新 130

执行：借助地图做选择 143

**专注高度：从不同视角看问题** 157

人生目的：我出生在这个世上是为了_____ 164

愿景：未来的我是什么样的 167

目标：我要在何时完成什么 170

责任范围：我主要的责任 174

项目和行动 179

**计划地图：把想法变成现实** 187

目标：定义原则与标准 196

愿景：想象预期结果的画面 198

头脑风暴 199

整理 200

下一步行动 202


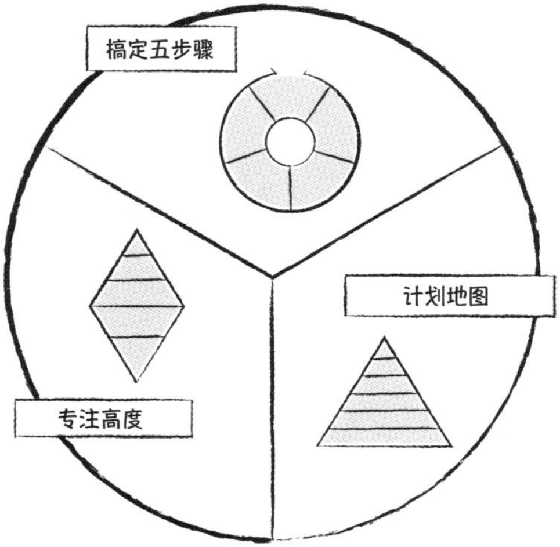

第三部分 —— 实验室


**搞定五步骤的应用** 210

边散步，边做头脑大扫除 210

用大收集篮捕捉 211

捕捉压力 212

捕捉忧虑 213

睡前头脑大扫除 215

在床边放捕捉工具 216

读书计划 217

整理书包 218

用便利贴升级手账 220

音乐创作灵感 221

和朋友一起捕捉 / 理清 / 整理 223

和小伙伴一起进行每周检视 224

限时冲刺实验 226

清空一小块地方创造动能 227

用时间卡分配时间 228

制作行动卡片 230

边散步，边进行头脑风暴 231

捕捉 / 理清 / 整理房间（取代“收拾房间”） 232

**检查清单** 234

回顾课程 234

做家务 235

上学前 236

放学后 237

运动装备 238

运动技巧练习 239

运动比赛前 240

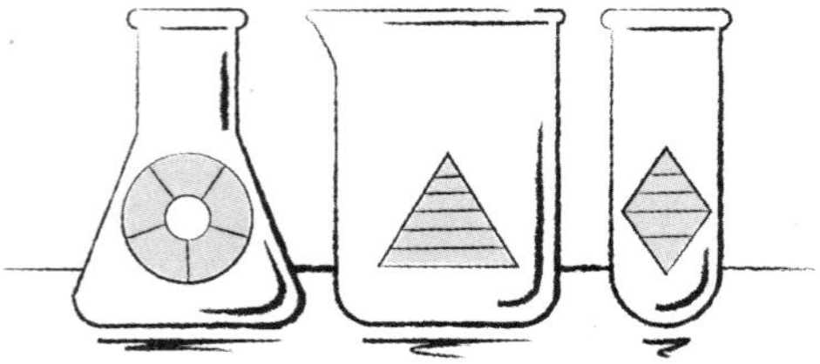

运动比赛后 241
参加活动 242
活动技巧练习 243
重要活动前 244
重要活动后 245
行李打包 246
搬进学校宿舍 246
新学期开始前 247
手机／计算机备份 248

**项目清单** 250
购买歌曲 250
礼物灵感 251
佳句收藏 252
阅读计划 253
感兴趣的电影／演出 254
电子游戏 255
问题清单 256
“下次去_____，我想做的事情” 257
生日、纪念日和其他特殊节日 257

**词汇表** 259
**致谢** 265
**补充信息** 267

# 前言

“哎呀，我真希望我当年在学校就学到这些东西，那样的话，我的人生一定会大不一样！”

“我要怎么把这些教给我的孩子呢？”

过去30年来，我听过他人无数次发出这样的感叹，而引发这种感叹的，正是我一直以来辅导人们学习的GTD（Getting Things Done）方法，在我的著作《搞定》（*Getting Things Done*）中，我详细介绍了这套方法。

熟悉这套方法的读者可能会觉得上面的感叹很容易引起共鸣。如果你没听过GTD，本书将是绝佳的敲门砖，让你看到我们所有人从小就该学会但很遗憾没人教过我们的一套方法。这套方法虽然简单却影响深远，可以用来处理引起我们注意的所有事物，使我们成为掌控者，而不是受害者。

家长、老师、学校管理人员、牧师和辅导员经常跟我说，他们希望能够尽早把GTD方法传授给孩子。这些人肩负着教育和养育的责任，要帮助孩子为其未来的人生做好准备。

我不是家长，也不是传统教育体系的老师。这么多年来，我研发出一套最有效的方法，也就是 GTD 方法，这套方法成了我的专业核心。我主要在企业提供相关培训与辅导，企业是我的一线战场，我每天饱受电子邮件、网络的轰炸，还要应对越来越频繁出现的急速变化，因此我急需帮助。

我从一开始就知道，我发现的方法对所有生活繁忙、需要发挥创意的人极有帮助，从学生、艺术家，到在家带小孩儿的父母，都能从中受益。但我不知道怎样才能有效地接触这些人，因为当时我还在努力建立自己的事业。当然，我更不知道该如何把这套方法转化为青少年能够理解并运用的最佳方式。

尽管如此，我心里始终知道，要让这套方法发挥预期中的长久影响力，关键在于孩子。为了达到高效无压的工作状态，人们必须养成一些行为习惯。问题是，很多成人已是积习难改。例如：所有承诺不分大小，要全部用一个可靠的外部系统来追踪，而不是放在脑袋里。这种做法简单有效，把脑袋清空后，我们才有能力专注于思考，发挥最大的创造力。很多成年人即使懂这个道理，也不愿意这样做，这是我亲眼所见；而孩子能快速上手，这也是我亲眼所见。

大部分成年人认为自己已经知道如何思考。孩子们则是站在起点，准备开始学习。

虽然当时我对该怎么接触这批年轻的读者没概念，不过这件事一直在我的将来 / 也许清单上。直到迈克 · 威廉斯和马克 · 华莱士出现在我的世界，我这个长久以来的愿望才有了实现的可能性。

我之所以认识迈克，是因为我听说了他在通用电气公司（General Electric Company）的成就，他在工作岗位上应用了我提出的 GTD 方法，成功实现了极大的变革。之后，我发现他在博客上记录了他运用 GTD 方法帮助自己孩子的经验，而且这项探索十分成功。之后，我们保持了联络，最后迈克加入了我们公司（公司里见过迈克的人都说："我真希望有个像迈克一样的老爸！"），我们俩都认为时机已经成熟，应该着手写这本书，而我知道迈克正是担此大任的人选。

接着，我听说在明尼苏达州有位小学老师是 GTD 方法的忠实粉丝，他把 GTD 原则和技巧融入教学中，他就是马克 · 华莱士。后来我有机会去看他上课，我看到学生正在练习一项我们称为"每周检视"的重要核心技巧。对 GTD 方法有概念的人都知道，每周检视这项技巧是持续运用 GTD 方法的关键，但是很少有人能坚持不懈地做到每周检视。在马克的班上，30 个孩子都在全神贯注地做这件事，而且他们都不满 12 岁！很显然，马克是本书团队的必要人物。

迈克和马克会在书里跟大家说他们的故事。他们和年轻人打交道的经验，弥补了我的不足。他们运用各自的专业，为我们打造出绝佳的教学体验，让所有想要了解、学习、实践 GTD 的人，不分老少，都能轻松上手。

本书实现了奥利弗 · 温德尔 · 霍姆斯推崇的"以简驭繁"理念。你准备好利用本书加速上路，让你的人生更酷、更精彩了吗？可别骗自己说你不需要任何帮助。

<u>戴维 · 艾伦</u>

# 致家长和老师：教会孩子人生技能

欢迎！作为担负教育和养育责任的成年人（例如：家长、老师、亲戚、朋友、牧师或是辅导员），你是不是想为身边的青少年做些什么？

你注意到现在的青少年有什么特质吗？

- 让他们感到有压力、担忧或让他们分心的事物，比以前是增多了还是减少了呢？
- 他们在关注什么？
- 有哪些事情需要靠他们自己去想办法解决？（例如：在学校吃午餐、搭校车时发生的事或是在社交媒体上发生的事。）
- 你是否注意到他们有某项才华正在萌芽，或正开始对某些事物产生热情，但需要一些指导或专注力？

今天，你或许可以手把手帮助你所关心的青少年安然度过校园生活与日常生活。但短短几年之后，他们会长大独立，必须靠自己去应对其人生中无法预料的种种复杂问题，所以最重要的是帮助他们打好人生的基础。如果你能教会他们掌控人生所需的技巧和习惯，就像教他们骑自行车、打球、演奏乐器或开车一样，看到他们学会这些技能，是多么令人欣慰的一件事啊。

好消息是，本书的目标就是要协助青少年熟练掌握这些重要的人生基础技能。学会这些技能可以减少注意力涣散、有挫败感和压力的问题，同时增进自信心、存在感，提高工作效率，发挥创造力，并从中获得乐趣。

GTD 这套方法在全球各地有许多践行者，在第一批接触到 GTD 的成人中，包括艺术家、高管、企业家、科学家、医生、教师，当然还有为人父母者和其他许多人。他们在学会用更高效的习惯取代旧习惯后，常常会发出一个感慨："我真希望我在学校时就学到这些东西！"这激发我们写出这本书，以弥补学校欠缺的这堂人生技巧课程。

相信你已经迫不及待，要开始陪伴你关爱的青少年踏上 GTD 之旅，但是请等一下，先让我们回顾一下往事。你是否记得你人生的"第一次"？

- 做学校布置的专题作业？
- 自己跟踪、安排作业进度和截止日期？
- 参加团队活动？
- 考驾照？
- 尝到离家独自生活的自由滋味，或是到外地上大学，或是搬出来自己生活？

这些“第一次”给你的感觉如何？如果你和大多数人差不多，这些经验应该是一开始有些波折，但随着时间的流逝和人生经验的累积，它们变得越来越平顺。

在阅读、实践本书内容的过程中，你所陪伴的青少年必定会经历许许多多的“第一次”，其中的许多经历可能需要他们花费很大的力气才能完成。身为长辈，你可能一时间会在情感与理智之间纠结，一方面有种冲动想要“自己跳出来解决这件事”，另一方面则明白长期而言“我必须有耐心，让他们自己想出办法”。运用本书中的GTD方法，既能满足你想要插手帮忙的冲动，也能教会孩子那些对他们长期有益的工具和行为。

本书就像一个工具箱，里面有让人一生受用的基本原则和方法，既简单，又容易教和学，而且恒久有效。

如果你对GTD方法不熟悉，建议你先花点儿时间翻阅本书。你可能会发现，在你陪伴孩子学习本书内容时，自己也会跟着获益良多。

在可塑性极强的青少年成长期，我们希望本书能够成为你和孩子的可靠良伴，提供实用的智慧。希望当你的孩子从青少年阶段“毕业”时，他已经学会本书中的方法，能够勇敢追梦，不论发生什么事都能坦然应对。祝旅途愉快，一路顺风！

# 致青少年：找到做好每件事的方法

欢迎！很高兴你挑中了这本书（或是这本书挑中了你）。

你只要花几秒钟，很快地把这本书从头翻到尾，你就会发现这是一本不寻常的书。这是一本人生指引手册，也是人生的工具箱——为你的人生铺路。

你正处于人生的成长阶段，你身边有很多有趣的事情发生，你也有很多事情要应对。你的父母和老师可能知道你正在经历的一些事，但只有你知道自己身处的世界的全貌。你要上课、打球、参加活动、陪伴家人和朋友，还有好多事情要做，恨不得自己长出三头六臂。而且你活在一个超级互联的世界，你可能前一刻还开开心心的，忽然“叮”的一声，手机或电脑上跳出一则评论或一张照片，瞬间风云变幻。跳出来的或许是好事，或许是坏事，无论如何，这都是一件引起了你注意的事，而且需要你花费心力去处理。然而，你已经有这么多事情要做了，要怎样才能把每件事都做好？

这本书就是要帮你找出做好每件事的方法。书里提供的建议和工具，有助于减少你的压力和烦恼，提升你解决问题的能力，如此一来，你就有更多时间和朋友相处，或者是什么也不做，轻松放空。

你可以自己研究这本书，也可以找朋友、父母或是其他信赖的长辈陪你一起探索。去尝试书中的点子，看看哪些方法对你现在的情况有效，然后以此为基础，更上一层楼。当你的世界变得越来越复杂时，别忘了再读一遍本书，里面丰富的点子能够帮助你度过人生的各个阶段。

愿你享受这段探险旅程！

# 热身准备

## □ 你准备好了吗？

你准备好上初中了吗？

你准备好上高中了吗？

你准备好上大学了吗？

你准备好考试了吗？

你准备好你的展示了吗？

你准备好出发了吗？

你对这些问题是不是很耳熟？其中有些是比较重大的人生课题，有些则没那么严重，其共通点在于你即将面对改变。

要扮演好你的角色并不容易，你可能感觉总是有新的挑战、新的变化迎面而来，你总是会被问："你准备好了吗？"那你的回答是什么呢？

花点儿时间，想想你现在的生活，再想想不远的将来会发生什么事，然后老老实实问自己："我真的准备好了吗？"或许你还没办法很肯定地回答这个问题，别紧张，没关系的！这本书就是要帮助你更有信心地说出："我准备好了。"

## □ 如何使用本书

这是一本超好用的工具书，里面有很多方法和诀窍，能让你轻松应对许多棘手的事情。我们设计这本书的时候，秉承着每一个人都是独一无二的原则，世界上没有两个完全相同的人，每个人的学习方式与喜好都不一样，所以我们把这本书设计成能够用很多不同的方式来阅读和应用的样子。

你会发现，这本书图文并茂，且极具互动性。

你会看到许多易于记忆的卡通人物，以及各种一目了然的图解。这些人物可以帮助你理解比较抽象的概念，图解则能帮你运用这些概念。有些图解可以帮助你练习新的思考方式，有些则有助于你捕捉想法、整理思绪。

我们还提供了一系列的练习，你可以尝试看看什么方法对你最有效。书中的案例是受到真人真事启发的，我们也希望了解到你实践之后的心得。

## □ 本书内容

第一部分将帮助你审视你的日常生活，看看你周遭的世界有哪些新奇、刺激的机会？有哪些陷阱在等着你落入其中？

第二部分将介绍许多原则、方法和工具，它们会帮助你在每天的生活中稳操胜券，帮助你养成习惯，迈向“准备好了的状态”。

第三部分会给出很多实验方案，你可以用来测试前面学到的原则、方法和工具。你可以抱着轻松的心态做实验和练习，看看哪种方法对自己最有效。

现在你已经了解本书最重要的三个部分，接着，让我们来说明什么样的状态是“准备好了”。

## □ 做好准备

“准备”在词典中的解释是“事先安排或筹划”，但是实际上它到底意味着什么呢？当你听到“准备好了吗”时，你会想到什么？你是会听到妈妈的声音在催促：“你还没准备好吗？”还是会听到裁判吹哨子宣布比赛开始的声音？或是脑海中浮现舞台幕布拉起，开始表演的画面？或是会听到老师说：“准备好了吗？你们可以开始写考卷了。”

“准备好了”的情况有千百种，不过，在这本书里，我们指的是以下四种状态。

1. 为这一刻做好准备。
2. 为下一步做好准备。
3. 为转变做好准备。
4. 为任何事做好准备。

让我们一一讨论这四种状态。

### △ 为这一刻做好准备

为这一刻做好准备，意味着活在当下，专注于此时此刻。

这是什么样的状态呢？是指你有能力全心全意做一件事，比如阅读这个句子。为这一刻做好准备的例子包括以下几个。

- 你准备好阅读这本书了吗?
- 你准备好练习演奏乐器了吗?
- 你准备好和朋友一起出去玩了吗?
- 你准备好开口约某人了吗?
- 你准备好开始做功课了吗?
- 你准备好听朋友对你倾诉了吗?

## △ 为下一步做好准备

为下一步做好准备，意味着你清楚地知道在未来某段时间内你该做什么。

这是什么样的状态呢?这是一种直觉，源自你明白了自己该做什么，而且你对你该怎么做、该什么时候做了然于胸。

为下一步做好准备的例子包括。

- 你准备好下一堂数学课了吗?
- 你准备好今天的足球练习了吗 ?
- 你准备好工作面试了吗?
- 你准备好这个周末的旅行了吗?

### △ 为转变做好准备

为转变做好准备，意味着你有能力应对人生当中的重大变化。

这是什么样的状态呢？是指你有能力针对变化，做出适当的反应。从上初中到高中毕业的这段时间，你担负的责任会有巨大的改变。这是激动人心和不停变化的青春年华，而你其实是能够为转变做好准备的。

为转变做好准备的例子包括以下几点。

- 你准备好从初中毕业进入高中了吗？
- 你准备好从高中毕业进入大学了吗？
- 你准备好将休闲运动改为竞争运动了吗？
- 你准备好从没有工作转变为在放学后开始做兼职了吗？
- 你准备好从学校毕业后开始全职工作了吗？
- 你准备好从与父母同住转变为搬出去自己住了吗？

### △ 为任何事做好准备

为任何事做好准备，意味着不论发生什么事，你都能从容不迫，轻松应对。

这是什么样的状态呢？这是一种知道自己既能掌控细节又有方向的感觉。所谓“准备好了的状态”，很大一部分是一种感觉，你感觉自己做好了准备，感觉自己有信心，知道自己有办法全力以赴，活出最精彩的人生，去冒险、去实现伟大的成就。

为任何事做好准备的例子包括以下几点。

- 你准备好尝试新事物了吗？
- 你准备好接受挑战，即使失败也不气馁吗？
- 你准备好着手实现梦想了吗？
- 你准备好和某某进行重要谈话了吗？
- 你准备好离开家去上大学了吗？

这本书的目标，就是要帮助你做好准备，让你感觉自己准备好了，有信心去面对任何状况。现在你是否已经清楚这个目标，准备好开始了呢？

为了获得最佳的学习效果，你首先必须对你脑袋里的想法有基本的了解，认识自己每一天、每一分钟，甚至是每一秒钟在想些什么。大脑是你所拥有的最强大也是最复杂的工具，让我们先来认识大脑的一些功能和限制，以及大脑传递出的信息。（下面的内容并非完整的大脑功能解说，如果想更深入地了解这个主题，推荐你阅读丹尼尔·列维汀的《有序：关于心智效率的认知科学》① 和特奥·康普诺利的《慢思考：大脑超载时代的思考学》。）

## □ 你的大脑

在这里，我们只介绍大脑的两个区块，其中一

① 《有序：关于心智效率的认知科学》中文版已由中信出版社出版。——编者注

块负责快速反应，另一块负责深入思考和做决策。这两个区块对于了解和应用本书所介绍的方法非常重要，为了帮助你弄懂其运作方式，我们创造了两个卡通角色来说明。

### △ 杏仁核（杏小猴）与前额叶（鹰前辈）

我们要介绍的第一个重要区块是杏仁核。

杏仁核是大脑判断战斗或逃跑的第一道防线，它会扫描进入你世界的所有事物，然后做出反应，这是一套全自动系统，它永远在搜寻新出现的东西。如果杏仁核感应到有危险或威胁，就会向身体发出警报，引发恐惧、紧张、焦虑、失眠、肾上腺素分泌或其他压力反应。换句话说，杏仁核能让身体进入备战状态，而且会持续发出警报，直到危险或威胁被妥善处理。

有车子开过来时，杏仁核会叫你跳开；有棒球朝你直飞过来时，杏仁核会帮你做出反应，漂亮地接住球；当朋友身陷危险需要你上前帮忙时，杏仁核会让你的肾上腺素激增。杏仁核

## 杏仁核

杏小猴

的功用就是在有需要时快速做出反应，提供短暂的爆发力。

不断发出警报的杏仁核，会让你感觉像是有只小猴子在脑袋里叽叽喳喳、活蹦乱跳，所以我们用杏小猴这只小猴子来代表工作中的杏仁核。

第二个要介绍的重要大脑区块是前额叶，顾名思义，它位于大脑前面靠近额头的地方。

前额叶的功能是深入思考和做决策，负责解决问题，综合归纳你所看到、所做的一切，找出其中的意义。

从学习、创作、想象，到建立与发展人际关系，再到实现各种事情，都要依靠前额叶。相对于杏仁核，前额叶不是全自动系统。你必须放慢脚步，用前额叶去思考。当你放空自己或做白日梦时，你也会用到前额叶。前额叶需要一些时间、空间和能量，才有办法充分发挥其功能，而且可以通过训练提高其效能。

前额叶就像一只上了年纪、有智慧的猫头鹰——它照看着你的人生，慢慢地、冷静地观察和思考，凝聚成深刻而明智的见解，让各种人生经历变得有意义。所以我们用鹰前辈这只猫头鹰来代表前额叶。

## 前额叶

**鹰前辈**

要达到前面介绍的各种准备好了的状态，你必须理解并懂得驾驭大脑的这两个重要部分：杏小猴喋喋不休地发出信息，鹰前辈倾听并做出回应。

当杏小猴和鹰前辈合作愉快时，你就可以达到准备好了的状态。但是如果它们俩配合得不好，你就可能形成某些坏习惯，导致一事无成。

所以说，你怎样才能准备好呢？你需要做什么？这对你意味着什么？是什么妨碍你自然而然地达到准备好了的状态？这对你又有什么影响？你为什么应该关心这些事？别走开，我们才刚踏上旅程而已。

---

驾驭你的思想，否则你便会被它驾驭。

——贺拉斯（古罗马诗人）

---

# 第一部分

# 审视日常生活

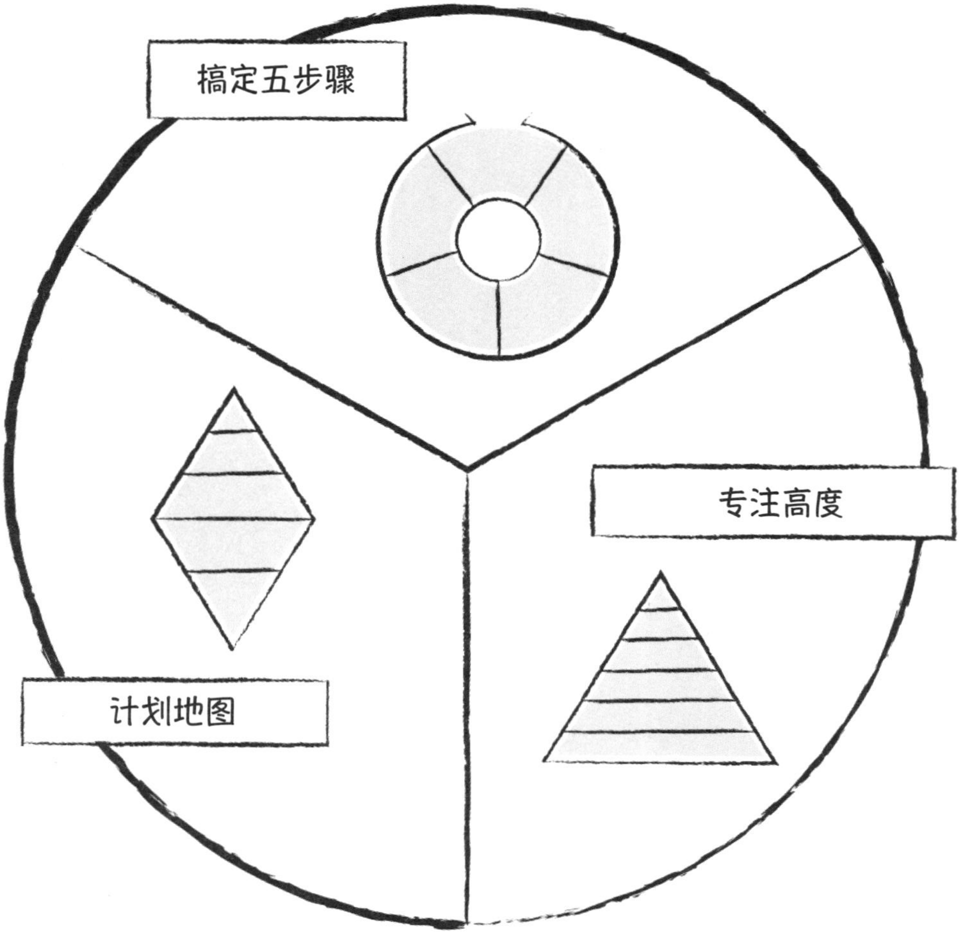
搞定五步骤
专注高度
计划地图

## ● 什么是 GTD？

Getting Things Done 简称为 GTD，中文称为“搞定”，这是一套思考方法，能帮助人们更好地掌控自己的生活，不管做什么都更能集中注意力。GTD 并不是教你如何把事情“做完”，而是教你学会专注于当下，把握这一刻，并清楚地知道下一步该做什么，在感觉事情失去控制时能重回正轨，充满创意，为生活中的种种可能性预先做好准备。无论是在学习、工作、进行人际交往、运动、追求各种目标和梦想时，还是在玩游戏时，你都能做到如此。GTD 是帮助你在各方面“准备好”的一套方法。

我们看到世界各地许多人因为践行 GTD 而受益，从 8 岁到 80 岁，不分背景、性别、宗教信仰、文化，任何人都能使用它，而且它在任何时间和情境都适用。学会这套方法后，你可以扩展它，依据个人情况对它进行改造，让你终身受用。这套方法和音乐、舞蹈或运动很像，在经过学习和练习之后，它能融入你的生活。

这套方法分为三部分：

1. 搞定五步骤：帮助你得到掌控力。
2. 专注高度：帮助你获得视角。
3. 计划地图：在遇到需要深入思考的项目和情境时，帮助你得到掌控力与视角。

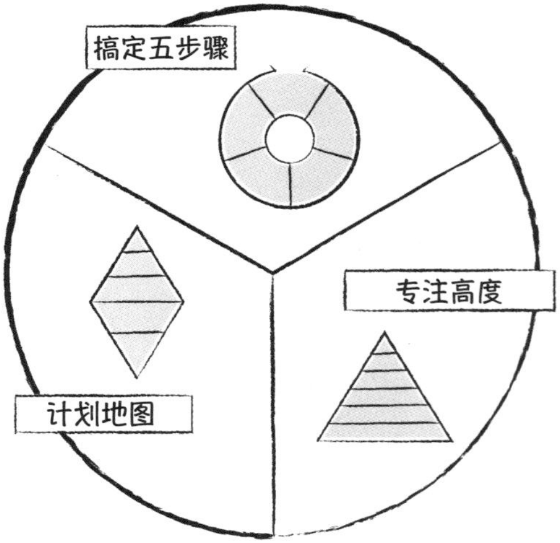


你可以试试这些工具和策略，找出对自己最有效的做法。只要开始试着用 GTD 的方式思考，你就将发现这套方法能帮你成功地做好事情，你就会想要进一步研究怎样把这些工具和策略变成你的个人专属，变成最适合你的样子。

你可能会有一些疑问，比如如下问题。

- 我为什么要学这个？
- 为什么我没听父母或老师讲过这套方法？
- 这会不会让我要做的事情变得更多？
- 我为什么不能用我一直在用且相安无事的老方法？
- __________是什么？
- 为什么__________？

你有这些疑问是很自然也很正常的，接下来就让我们来看看，为什么你们这一代年轻人很特别，需要一套新的观念和技巧。

## ● 青少年压力来源

### □ 世界越来越复杂

你有没有注意到，这个世界变得越来越复杂？你是否发现，你的世界一直在变得更复杂？

举例来说，你记不记得你曾经（而且是不算太久之前的“曾经”）觉得功课好多？但是若把当时的功课量拿来和现在的比较，你可能又会觉得以前轻松得不得了。回顾以前的日子，你还能想到哪些类似的例子？和现在的生活比起来，以前简单许多、轻松许多、直接许多的例子？

或者，你是不是曾经迫不及待想要长大，想要快点儿进入人生的下一个阶段？比方说希望赶快拿到驾照，享受开车的自由？或者是希望赶快从初中毕业上高中，或是赶快从高中毕业上大学？

你有没有注意到什么？一种规律？

人生似乎每一年都会变得更复杂一些，同时你也在持续改变、成长，适应这不断增加的复杂程度。你有时候能够应对得很好，有时候则没办法适应。

如果这些复杂的挑战在适当的时机降临，你会觉得很兴奋、很期待，例如新的人际关系、要学习的新东西、更多独立自主的空间或更激烈的竞争。若是这些挑战发生的时机正好，你会因为感到自己稳定成长而振奋。想一想，你什么时候有过这种感觉？上一次有这种“改变来得正好”的体验是什么时候？

但是，有时候，复杂的改变来得太快，会让你措手不及。在这种时刻，你可能会感觉压力很大、很紧张，因为有太多改变或太多事情要追踪，你现在用的方法应对不了它们；或者是有太多功课、太多活动、太多工作，让你感觉你没有能力将它们全部完成。你是否有过这种感觉？你当时是怎么应对的？

也有些时候，你渴望有新的挑战，任何形式的复杂变化都好。你可能感觉目前的情况毫无新意，甚至感到无聊或厌烦，你认为自己已经充分准备好接受更多挑战。

这时你可能会有坐立不安的感觉，直到有事情发生，有新的事物供你探索，像是新的课程、新的爱好、新的朋友等。

你是不是有过目前的生活像一潭死水的感觉，期待不一样、意料之外、更多和更精彩的事情发生？有这种感觉的时候，你是怎么做的？

人生的复杂程度一直在改变，所以你应对它的方式也要跟着不断改变。人生会持续发展、改变和变化，你也是。改变的速度有时候刚刚好，有时候则会让人感到不舒服。

在你阅读本书的过程中，问问你自己：“我今天觉得生活的复杂程度怎么样？”是感觉负担太重、压力太大？还是游刃有余？或许你正感觉无聊到要爆炸？或许你在某些方面紧绷到极点，在其他方面又觉得很无聊。

看看下面这张图，在最符合你今天情况的位置打个 X 做记号。

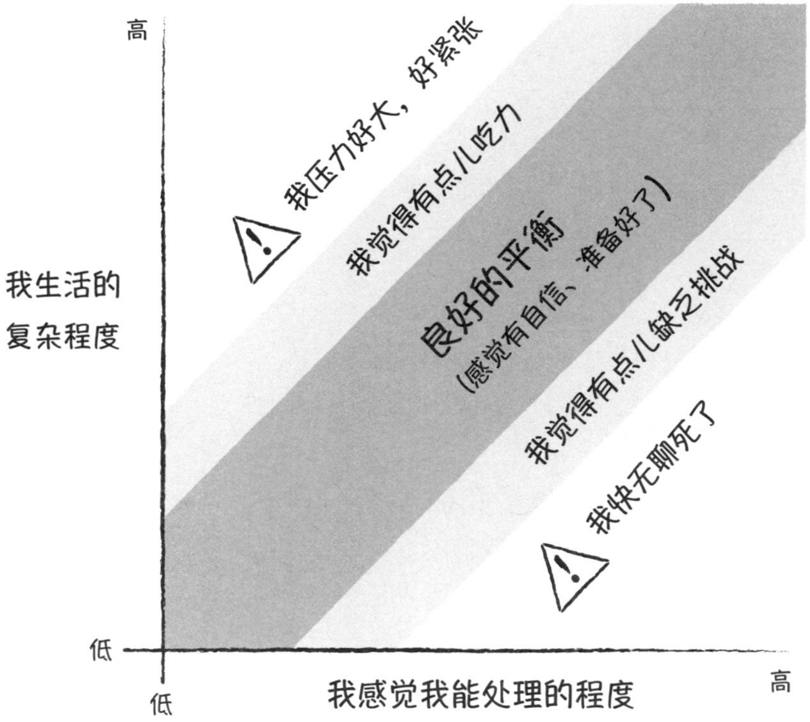


你很有可能在不同的时刻或多或少体验过这些感觉。不论你今天觉得能否达到平衡，事实上，改变一直在发生，而且将持续发生。这些改变及由改变所引发的感受，是很自然的现象。总有一天，你会从高中毕业，进入大学或去找工作。你要决定将来住在哪里、靠什么为生、在这个世界留下什么样的足迹。你可能会决定结婚，组建一个家庭。每一次转变都会使你的人生更复杂，而新的复杂程度需要你用新的方式去应对。

包括你的父母和老师在内，每个人的人生之路都经历过这些转变。但是你的经历将会不一样，下面我们会解释为什么，你要注意往下看哟！

---

好，还要更好。
——戴维 · 艾伦

---

## □ 网络和大量信息

尽管每一代人都会面临和前一代人不同的问题，但你们这一代年轻人很不一样，因为你们面对的世界和以前的非常不一样。以前有效的方法现在不一定有效，因为有一种新出现的事物改变了一切。

你知道那是什么吗？就是无边无际、无所不在的数字网络。

人类正在用前所未有的方式互相连接，这种连接改变了我们学习、工作、娱乐、购物、旅游、相处及沟通的方式，也改变了我们大脑的运作方式，甚至是我们的思考方式。

很多年轻人因为太习惯这种连接，以至于根本没有意识到它的影响。很多人随时随地带着手机，睡觉时也要把手机放在床边。各种通知的嘀嘀声和震动，时时刻刻在争夺你的注意力，搞得很多人疑神疑鬼，没事也觉得手机在震动。手机上的应用程序经过精心设计，目标就是抓住并留住人们的目光。你在通信软件上多久发一次信息？你的微信上有多少好友？你发的照片获得了几个赞？你每小时会看几次手机？

放下手机后，你过多久又会产生把手机拿起来的冲动？你在阅读这本书时，是不是一直想着要看手机或其他移动设备，看看有没有新信息？你的阅读过程有没有被手机打断过？

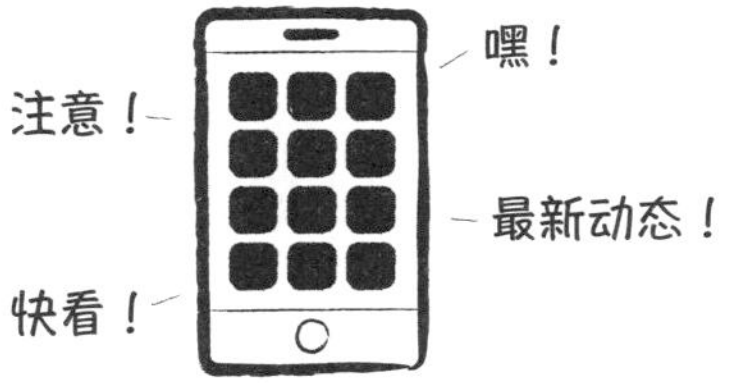


试试看，把你的电子设备，不仅仅是调到休眠或勿扰模式，而是整个关机，然后静止几分钟。你观察到了什么？你有什么感觉？

如果你正在公共场所阅读这本书，请看一下四周。你看到了什么？答案很明显：人人都像动画片里的松鼠，只不过手中捧着的坚果换成了手机。

我们使用电子设备的习惯和其他习惯一样，都会影响我们的大脑和神经系统。片段的信息不断涌入，不论是速度还是数量都比以往任何时代多出许多。大脑负责反应的部分接收到大量刺激，在某些极端案例中甚至可能因此对数字刺激上瘾。杏仁核的设计是为了应对短暂突现的刺激，而不是长期处于高度警戒的状态。

你们是第一代在数字环境中成长、与他人互联的年轻人，跨越不同国家、不同文化，而且随时随地。这个互联的世界是一块未知的领土，你们享有之前的世代想象不到的自由与种种好处，全世界的知识就在你们的指尖，你们也拥有史无前例的机会。

你们拥有这样的环境，不知道再过十年，等到你们长大成人，又会是怎样的一番光景？

## □ 未来难预料

事实是，没有人知道我们全体正朝向什么样的未来前进，也没有人能预测，在这个高度互联互通的世界中，你需要哪些知识或技能才能有所成就。

你的父母、老师和导师正在尽力帮助你准备好面对未来，学校也在努力帮助你。但现实情况是，你将来可能从事的许多工作现在或许都还不存在，还没有被发明或发现，它甚至是你现在根本想象不到的工作。全世界的学校正在努力赶上时代潮流，改变教学方式，但改变的速度往往太慢。

这样的情况前所未有，因此你在很多方面必须靠自己，必须开始让自己做好准备面向未来。不过，有一项人类的技能肯定比以往更重要，而且永远不可能被电脑或机器取代，那就是思考能力，也就是想出新点子并将其变为现实的能力。

思考是一项极为重要，而且永远必不可少的能力。懂得思考的人知道如何把握现在，清楚下一步该做什么。再过几年，思考能力将帮助你找到工作，还能帮助你应对各种没有明确答案、指令或方向的情况，让你有能力处理人生中的任何挑战。

不过问题来了：这项至关重要的思考能力正在面临极大的威胁。

---

当发觉自己陷在坑里时，你就别再继续往下挖了。

——威尔·罗杰斯（美国幽默作家）

---

## □ 思考能力堪忧

思考能力，也就是能发挥想象力与创意的深度思维能力，而这项能力正因为互联网源源不断地提供大量信息而受到威胁。这么庞大的信息量不仅前所未见，而且通过许多崭新的管道，以许多创新形式向我们袭来。我们的思考能力很可能因此被拖累、打断，甚至因被排挤而消失。

你可能以为自己已经习惯了这种程度的海量刺激，因为打从你一出生，世界就是这个样子，但是你很可能因此养成了有害的习惯，或根本没有习惯去学习如何应对这种情况。在不知不觉中，你的坏习惯可能正在损害你处理日常生活中的问题的能力，磨灭你的思考能力。事实上，很多年轻人和过去相比，表示感到压力更大、更焦虑。

下面这张图是美国心理学会的调查结果，他们在研究中让青少年评估自己感受到的压力有多大。

根据这张图，压力中等和压力很大的人数加起来，占了超过 2/3 的学生人数。就算不是统计学专家，也知道这是很高的比例。

## 青少年的压力

**压力评分量表的分数为 1~10。**

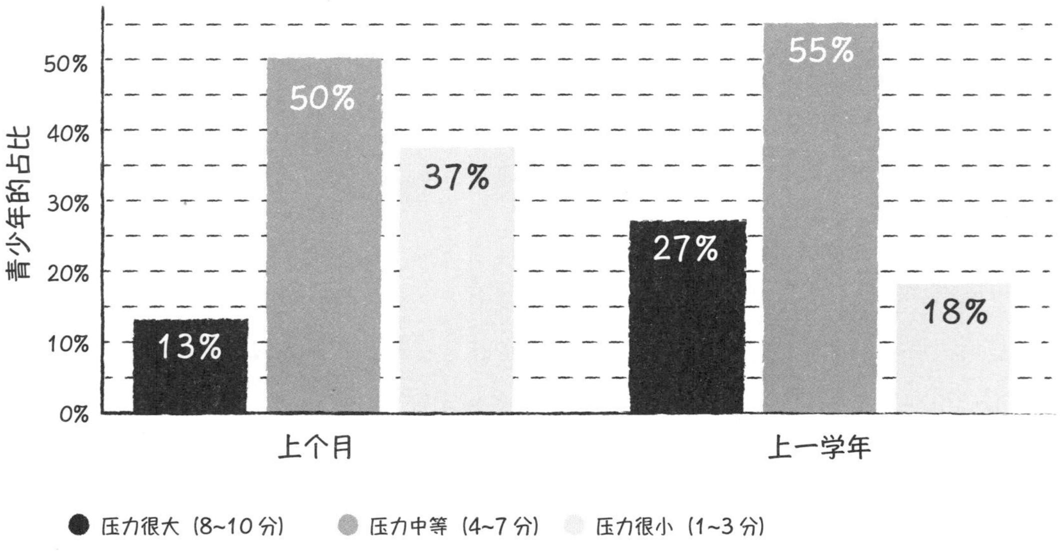

除了每天要面对排山倒海而来的杂事，现在青少年在其他许多方面的压力也越来越大，包括要有良好的表现、有好成绩、上好大学、找工作、建立友谊、维持关系、被接纳、花时间和朋友相处、保持好身材与健康、从事运动 / 音乐活动 / 社团活动……大人还越来越期望孩子自己学会应对这些压力。很多孩子的日历从早到晚排得满满的，没有一点儿空档。

青少年的压力来源有很多，下面哪几项符合你的感受？

## 青少年的压力来源

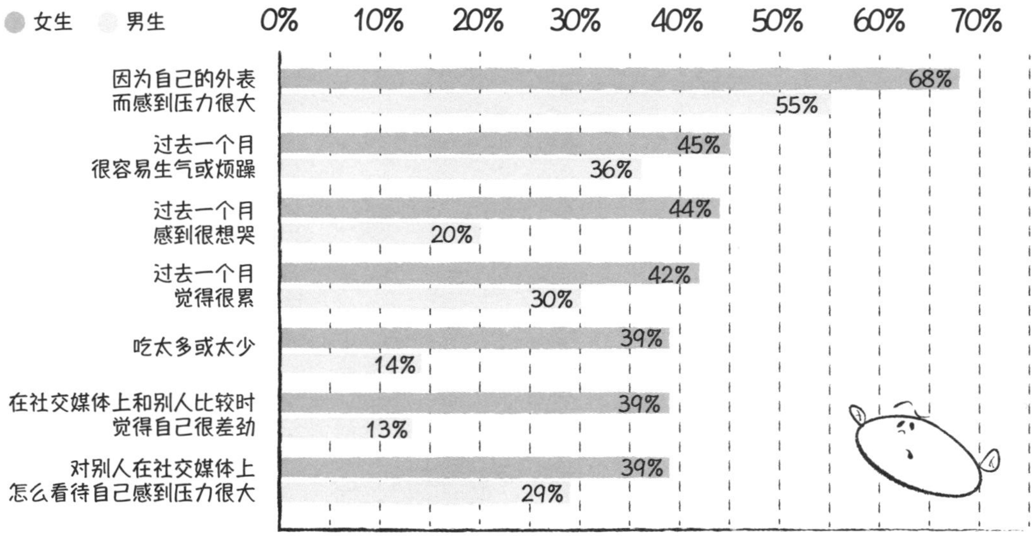


这些压力源会剥夺你的思考能力，因为发挥思考能力（也就是想出新点子并加以实现的能力）需要一些空间。如果你懂得如何创造优质的思考空间，你就能用更少的时间和精力完成更多的事，事半功倍。

毋庸置疑，你是新世界的开拓者，当你探索这个世界时，你需要新的工具、新的技能和新的思考方式，这样你才能走出一条自己的路。在介绍这套新的思考方式之前，先让我们来认识一下路上可能遇到的陷阱。

---

解决问题时不能使用制造这些问题时的思维。
——阿尔伯特 · 爱因斯坦

---

## ● 两大陷阱

陷阱是指隐藏或不容易辨识的危险与困难。

想象一下，如果你参加赛跑的场地上有很多坑，你很可能一不留神就被害得跌倒。同样地，人生的道路上也有很多类似的陷阱等着你掉进去。现今世界有很多会害你跌倒的陷阱，而且你很可能没有注意到这些陷阱。举个例子，你是否曾经拿出手机，想要很快地查看某件事，结果却被另一个程序的通知吸引，过了 20 分钟后，你发现自己还在滑动手机屏幕？

我们可以先给一些常见的陷阱取名字或贴上标签，这有

助于你在这些陷阱出现时迅速辨识、做出反应。下面将介绍两大类在目前影响许多人的陷阱，它们常常会悄悄渗入我们的生活。

## □ 陷阱一：超负荷与挫败感

超负荷：负担过重。

挫败感：感觉无法承受。

如果你感到事情太多太复杂，而且事情来得太快太频繁，这种“太多了”的感觉称为“超负荷”，虽然这并不是什么不寻常的感觉，但它就是陷阱出现的迹象。

超负荷的感觉可能会在你意想不到的时候对你发动偷袭。前一天你还觉得好好的，但第二天学校就发生了很多事。本来今天你已经安排了很多课后活动，但偏偏所有的老师都同时布置了一大堆作业。如果缺乏妥当的应对能力，这种超负荷的感觉会导致挫败感和压力不断增加。

超负荷和挫败感之所以会增加，有很多原因。近年来，学校教育有很多变化，学校不再只是指特定的某一栋建筑物，教学内容也不再局限于教科书。即使是放学离开校园，各种课程、专题作业和家庭作业，可能依然继续通过互联网跟着你。学校的功课和责任可能会占据你一整天的时间。

你和朋友的来往也不会因为离开学校而中断。你可以看到朋友在做什么、聊什么，你和所有你认识的人可以每天24小时保持联系。跟上并管理这种持续不断的信息流，感觉就像拿着消防水管喝水。

### 我超负荷了吗？

超负荷到底是什么情况、什么感觉？你要怎么知道自己处于超负荷状态？每个人超负荷的感受可能不太一样。

- 我睡不着。我的脑袋停不下来。
- 我老是忘了做 _____。
- 我感觉有好多事情要追踪处理。
- 我知道我应该 _____，但是我 _____。
- 有好多事情必须做，但是我不知道该从哪里开始。
- 我无法在需要的时候找到需要的东西，这让我很紧张。
- 我有时候觉得很焦虑，快要承受不住了。
- 我没办法把每一件事都做好。

当你发现这些超负荷征兆时，你可以怎么做？这本书里介绍的工具和方法可以帮助你。

---

你需要的不是更多天分，而是少一些抗拒。
——赛斯 · 高汀（作家、演讲家、营销大师）

---

## □ 陷阱二：注意力缺失

“注意听！”

“专心点儿！”

你是不是经常被爸妈或老师这样提醒？

在 21 世纪，信息和网络连接无所不在，保持专注力比以往任何时刻都更受到挑战。你必须学会保护这种能力，避免持续分心。

问问自己：如果你有一段可以自由安排的时间，你通常会做什么？你会把注意力放在什么地方？

有个常见的错误观念是人类擅长“多任务”，也就是同时做两件及两件以上的事情。或许你能一边听音乐、一边回信息、一边看短视频、一边和朋友闲聊，还一边更新社交媒体状态，但这一切是有代价的，代价就是你的注意力被分散了。如果说专注力能让你得到成果，那么你应该避免接触会损害这种能力的事物。

转移注意力的力量很大，而且一不留神，你很可能会因此花费好几个小时、好几天、好几个星期、好几个月，甚至好几年。你感受到压力时，就是一个很容易促使你转移注意力的时刻，因为一转移注意力，你就能躲开紧绷的感受。转移注意力能让你忘记现实，它至少给大脑提供了暂时的麻痹。

请看一下关于青少年如何应对压力的统计数据。

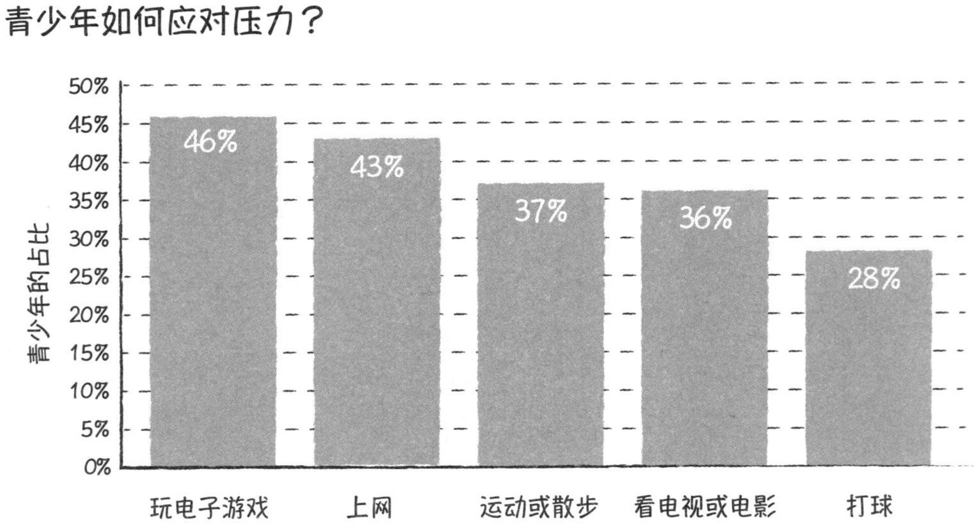


你认为在上述活动中，转移注意力起到了什么作用？你自己应对压力的策略有效吗？会不会那其实是种陷阱？

还有哪些时刻，你会想要转移注意力？还有什么是可能导致你的注意力转移的原因？你的移动设备会导致你转移注意力吗？

别忘了，杏仁核会专门接收各种令人分心的信息。

在原始社会，杏仁核负责扫描周遭环境并做出反应，让我们的老祖宗能够注意到细微的动静，像是枝叶的晃动，因为那些动静背后可能藏着晚餐，或是藏着把他们当晚餐的猛兽！而在现代社会里，由手机和电脑构成的数字丛林则取代了晃动的枝叶。

如果你选择沉溺于让你分心的事物，而没有重视该重视的事情，那么这些更重要的事将无法得到你的关注，你也不会全力以赴去做这些事情。你只是凭本能反应去应对一切，这可能导致你变得无法自拔，变得像杏小猴那样，跳来跳去、随机变换任务。

然而，要是你能把注意力集中在对你而言真正重要的事物上，你就战胜了分心这个陷阱，你将能够思考、创作、想象，超越自己，超越此时此刻。

GTD 可以帮助你专注于对你而言最重要的事物。

## □ 只能独自面对

这些陷阱、感受和经历不是只有你一个人会遇到。如果你有过前面描述的任何一种感觉，那么这表示你很正常。无论男女老幼，都需要面对这些全新的机遇和可怕的陷阱。

本书将为你提供一套工具，帮助你避开这些陷阱。这本书不仅能让你辨认出陷阱，而且能让你知道它们是什么类型的陷阱，以及知晓不处理陷阱的潜在后果，还能帮助你管控注意力，成功顺利地做成事。为了达到这些目的，我们先讲讲如何达到并维持准备好了的状态。

---

如果每件事已经很完美，你就永远没机会学习和成长。

——碧昂丝 · 诺斯（美国知名歌手）

---

## ● 看完本书，你将认识……

## □ 准备好了的状态

现今最有价值的能力，就是思考和控制注意力的能力。如果你能掌控自己的注意力，你就能够放松，用适当的精力和专注力去做你手上正在做的事。这就是我们称为“准备好了的状态”。

## □ 你是否处在准备好了的状态

你最专心、最投入的时候，也就是你处于准备好了的状态的时候，看起来是什么样子？是什么感觉？我们先来看看什么状态不是准备好了的样子，就会明白。

### “关机”的感觉

在哪些时刻你会有“关机”的感觉？认识这点之后，你将更容易辨识什么是“开机”的感觉。你可能会在很多不同的情境中体验过“关机”的感觉，这些感觉有一些共通的特点。

- 焦虑
- 失望
- 压力大
- 紧张
- 失败
- 超出负荷

请拿出一张白纸，花两分钟列出所有你感到“关机”的经验，写下你的感受和想法。

### “开机”的感觉

这是一种觉得“我办得到”或是我们所说的准备好了的状态，这或许没那么难辨识，但它确实比较难达到。当你真正感到一切顺利，时间消失，任务一步步实现时，你就是处在准备好了的状态。

“开机”的感觉可能包括如下几点。

- 感觉自己有能力
- 独立
- 坚强
- 专注
- 觉得活在当下
- 无畏
- 充满希望

将刚才那张白纸翻面，花两分钟列出你感觉到“开机”的所有经验，写下你的感受和想法。

“准备好了”表示你处在最佳状态，可以面对任何情况。

## □ 为任何事做好准备的状态

力求处于准备好了的状态并不仅限于你在学校学习时。不管你在做什么，当你专心、放松且全身心投入时，你就能有最佳表现，不论是工作、运动、交友，还是生活中的其他任何事，都是如此。下面请列出一些你准备好了的状态，你可以看一下，然后加上符合自己的情况。

**准备好了的状态**

| | | |
|---|---|---|
| 准备好学习 | 准备好休闲 | 准备好开车 |
| 准备好做功课 | 准备好比赛 | 准备好表演 |
| 准备好提供服务 | 准备好度假 | 准备好参加期末考试 |
| 准备好上学 | 准备好工作 | 准备好 ______ |
| 准备好陪家人 | 准备好聆听 | 准备好 ______ |

让我们从中挑几个例子，来看看怎样算是处于准备好了的状态。

准备好学习是什么状态？最理想的学习状态是把注意力集中在要学的东西上（不分心），心情放松，准备好可能需要的所有材料（不紧张），专心投入学习。在这种状态下，你将能整合学习的内容，举一反三，而且能够活学活用。

准备好休闲是什么状态？理想的休闲状态是把注意力集中在自己选择从事的休闲活动上（不分心），身体、头脑和情绪都放轻松（不紧张），认真投入正在进行的活动。在这种状态下，你将能充分享受休闲的益处。

准备好比赛是什么状态？理想的比赛状态是把注意力放在眼前的赛事上，专注于自己的角色（不分心），放轻松，发挥最佳表现，知道自己已经做好准备（不紧张），全心投入每一刻，为自己和团队全力以赴。

准备好做功课是什么状态？理想的状态是把注意力放在必须完成的功课上（不分心），心情放松，有把握自己已经搜集到必要的资料，而且有能力完成这门功课（不紧张），全身心执行，以最有效的方式利用时间，达到最大成效。

你看出其中共通的模式了吗？准备好了的状态就是专注、放松，并且全身心投入执行，让你不论做什么事都能拿出最佳表现。

## ● 开始练习

### □ 你能够在需要时进入准备好了的状态吗？

每个人或多或少都有过自己在“开机”的感觉，而GTD能让你学会用必要的工具和方法，经常能有“开机”的感觉。如果你有信心在任何状况下都能让自己回到准备好了的状态，那么你就能毫无担忧地处理任何状况，准备好做出反应，完成任务，实现理想。

### □ 你准备好面对没准备好的状态了吗？

如果能够一直处在准备好了的状态，岂不是一件很棒的事？但在现实中，新的挑战和更复杂的情况会不断涌现。面对每一次的新挑战，你既有成功的机会，也有跌倒的危险。

如果你走最保险的路线，避开所有可能失败或令你不愉快的情境和机会，像是各种新活动、新关系、选拔赛或课程，结果是或许你能够避免经历“关机”的感觉，至少可以避开一段时间，但你也可能感受不到“开机”的感觉。

有些年轻人选择走这条保险的路，放任自己沉浸于分心的环境中，只做自己感觉最自在的事；有些人甚至用数字影音娱乐麻痹自己；最极端的例子是滥用酒精和毒品。这种麻木封闭的小天地，一开始可能看起来颇有吸引力：如果能整天打电游、吃垃圾食物、和朋友鬼混，岂不是快活得不得了？但是我们内心深处都很清楚，这种日子无法让我们获得真正的成就感。

老实说，不论你多么刻意避开挑战和障碍，也不管你自认为对现在的生活多么有把握，持续出现的挑战和障碍必定会不时让你感到“关机”，让你分心、超负荷，有挫败感。

我们要做的不是帮助你留在舒适圈，而是鼓励你尽可能多地踏出舒适圈。我们鼓励你勇于承担风险，去做可能把你推出舒适圈、让你紧张的事，尽管这些事有可能把你推向“关机”的状态。

只要你掌握方法和工具，就一定能重新“开机”，回到自己准备好了的状态。如此一来，你就会有信心面对任何情况，因为你知道自己有办法复原。无论接下来发生什么事，你将随时随地“准备好”。这就是本书要教你学会的 GTD 的力量：勇敢冒险，被推倒后仍有信心回到“开机”状态。

## □ 杂事

到目前为止，我们谈到了网络连接、新的机会和陷阱，也说明了这些陷阱会如何使你感到自己处在“关机”状态。我们描述过“准备好”的理想状态，并介绍了要达到这种状态最重要的两个角色：大脑里面的杏小猴（杏仁核）和鹰前辈（前额叶）。杏小猴和鹰前辈必须互相搭配、相辅相成，才能维持准备好了的状态。

杂事

那么，为什么你无法让大脑里的这两个部分携手合作，这样就能一直感觉良好？

这时候就轮到杂事出场了。

杂事总会不断到来，不分好坏。学会辨识杂事，能够帮助你有效管理杂事。

杂事泛指出现在我们世界中的所有事，包括现实世界、数字网络、心灵和情感的世界。这些事是需要我们做出决定或采取行动的，但是我们仍未对其做决定，更没有对决定的结果进行整理。

## □ 哪些事是杂事?

杂事有很多不同的形式，可能出现在很多不同的地方。举例来说，学校作业、地板上的脏衣服、球队选拔赛、健康出问题、坏掉的滑板、和朋友起冲突、学校的新社团招生、一份讨厌但必须完成的报告，这些都是杂事。杂事可能来自外部，也可能源自你的内心。

你的世界里最常出现哪一类杂事？这些杂事都是从哪儿来的？

## □ 强劲的对手

如果杂事没有被好好处理，很快就会对你的身体、心理、情绪等方面造成影响。

随着生活变得越来越复杂，出现的杂事也越来越多，它们时常会使你分心，让你无法进入准备好了的状态，导致你无法专注、迷失方向，陷入“关机”的状态。你很可能一不小心，就被杂事牵着走了。

为了更明确地定义“杂事”，更清楚地理解它，让我们先来看看大约在一百年前的一个发现。当时一位名为布鲁玛·蔡格尼克的心理学家，发现了一个关于大脑的有趣现象，她称之为“未画完的句号”或“开环”。

### 蔡格尼克记忆效应

布鲁玛·蔡格尼克是一位俄国心理学家，她是 20 世纪初在俄国首开先例上大学的新潮女性之一。她在 1927 年发表了一项关于大脑的重要研究，该研究的缘起是有一天她在餐厅吃饭时观察到的服务生的行为。

未画完的句号

她观察到，用餐者一旦用完餐并付完账后，便很难再得到服务生的注意。大部分人可能会立刻猜想，这是因为服务生只关心其他还没结账的客人，但是蔡格尼克并未就此罢休，反而更进一步探索这个现象。结果她发现，服务生不只是会停止对客人的关注，而且很可能在顾客付账后立刻把顾客刚才的点餐内容全部忘光。这些服务生可以很容易就想起还没结账的客人点了哪些东西，但是不知道怎么搞的，他们会将结完账的顾客的点餐内容“置之脑后”。

蔡格尼克把这项观察结果带入其他情境，做了一些额外的研究。她的研究成果就是今天我们知道的蔡格尼克记忆效应，这是人类大脑很重要也很有意思的一项特征：我们的大脑会牢牢记住被打断或是未完成的事，这些中断或未完成的事就叫作“未画完的句号”。

大脑天生有种追求“有始有终”的倾向，如果事情没有完结，大脑就会挂念着这个“未

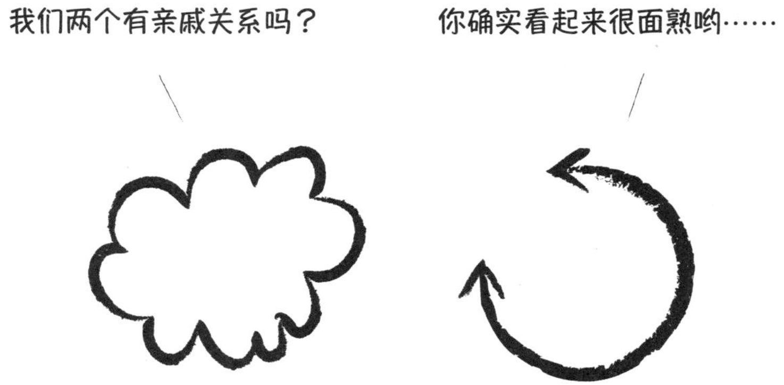

画完的句号”，直到事情完成。在过了将近一百年后的现在，比起以往任何时刻，蔡格尼克记忆效应与我们生活的关系都更加密切。

你可以做个简单的试验。你是否有过某个念头在脑海中挥之不去的感受？或许是好几天，或许是一个星期甚至超过一个月，这个念头会不时跑到你的脑袋里？如果答案是“有”，那就是“未画完的句号”的一个现成例子。在这本书里，我们把“未画完的句号”定义为“引起你注意却没有得到妥当处置的事物”。

## □ 杂事和睡眠

让我们来看一个具体的例子，了解“未画完的句号”对我们的影响。

你是否曾经因为有心事而失眠？这些引起你注意的事情就是“未画完的句号”，是你脑袋里的杂事。

每天都有无数杂事扑向你：你要和许多人交流，有好多事情要做，还有好多事要持续追踪。你忙得团团转，可能一不小心就漏掉了某些任务。

随便举个例子：假设你有个朋友叫作洁敏，她今天因为生病请假没上学，你答应要告诉她数学课上老师教了什么。这是你对洁敏的一个承诺，因为这个承诺还没完成，所以是个“未画完的句号”。

忙完一整天，你准备上床睡觉休息时，你的大脑也开始准备休息，然而在休息之前，追求“有始有终”的大脑会扫视“未画完的句号”，寻求解决方法。于是你突然想起你答应洁敏的事还没完成，结果你变得很难入睡。

记住，你的杏仁核没有时间概念，只会想着要把事情解决，而且是现在立刻解决。然而，你当然不可能在每天上床之前完成所有事，解决掉所有“未画完的句号”。结果是你的大脑不停地对你唠唠叨叨，而且是叨念个没完没了。你答应的每一件事、即将要交的每一项作业，都可能会在你快睡着时在你脑中闪过。

随着年龄的增长，事情越来越复杂，“未画完的句号”不仅数量会越来越多，而且互联网更大幅增加了“未画完的句号”出现的机会。如果没有好好处理，这些“未画完的句号”会逐渐累积导致超负荷，然后形成压力和紧张感，可能会随时跳出来，使你分心。

不过，如果你能够学会在杂事一进入你的世界时立刻将其辨识出来，并且阻止杂事变成“未画完的句号”，结果会怎样？如果你能熟悉大脑发现“未画完的句号”时所发出的信号，并且学会将它迅速妥善处理好，结果会怎样？

GTD 可以帮助你学会有效处理杂事和“未画完的句号”，提前避免产生负面影响。

所谓“眼不见，心不烦”，其实它并没有真正从你内心深处被抹干净。

——戴维 · 艾伦

## □ 掌控力与视角

要进入准备好了的状态，首先必须能够有效应对杂事和“未画完的句号”，这是一项可以习得的能力。你需要用两样东西来达到准备好了的状态：适当的掌控力和视角。本书接下来就要教你学会必要的技巧和行为，从而获得这种掌控力和视角。

### 掌控力

掌控力可以用在很多地方。

在 GTD 中，掌控不是指操纵，毕竟不论你再怎么努力也无法操纵自己或任何人的人生。这里说的“掌控”是指维持稳定，也可以说是“内部控管”，意思是对于现实人生的种种情况，以及自己目前的境遇——人生中的一切杂事，你拥有一种在一些限制条件下的掌控力，称为“操作式掌控”。

操作式掌控就像你在打电子游戏时所扮演的玩家角色。你不是游戏设计师，无法控制游戏的背景和关卡设计，但你手上确实握着一个控制器，让你决定自己的角色在游戏里要做什么。这就是操作式掌控。

日常生活中的操作式掌控是什么样子？举个例子，你没办法控制老师留多少作业，但你可以掌控自己要怎么做功课、要付出多少心力。你没办法控制教练选谁出场参加比赛，但是你可以掌控自己的心态，掌控自己要做多少准备和训练。你没办法选择父母或是出生家庭的经济状况，也没办法选择获得什么基因，但你可以完全掌控自己要用什么态度去面对这些事。

GTD 能帮助你做到对杂事的最佳操作式掌控，从而学会创造出适合做事的条件。不论是做功课、准备参加选拔、和家人有正面互动，还是用负责任的方式管理自己的财务状况，你都有能力创造出最佳条件。

掌控力也能帮助你清出脑袋里的空间，让你能思考、想象，甚至清理你的世界，让你专注于对你而言最重要的事情。

### 视角

获得掌控力只是你迈向准备好了的状态的第一部分，你还必须知道自己正在往哪个方向前进，以及你为什么要这么走，我们称之为“视角”。

“视角”是往前看的能力，看清楚自己要去哪里。你看见的东西就是你的愿景，是你选择做的一切事情背后的动力。GTD 可以帮助你判断自己现在的位置，认清你的行动将带领你前往什么地方。GTD 能帮助你分辨哪些事很重要，哪些事不重要。GTD 让你大胆做梦，勇于追梦。

## □ 掌控力 + 视角 = 准备好

当你握有必要的工具且有能力去得到适当的掌控力和视角时，你就一定有办法找到准备好了的状态——为这一刻做好准备，为下一步做好准备，为生命中的任何事做好准备。实行 GTD 的人自然而然会在“开机”和“关机”这两种状态之间循环，并且他会发现自己没什么好怕的。这种动态的循环被称为“冲浪板效应”。

## 冲浪板效应

喜欢冲浪的人总是在寻找下一波浪头，可能是主动挑战，也可能是被动接受挑战。他们站在掌控和失去掌控的边缘，挑战能力和创造力的极限，在这种状态中茁壮成长。进入这种状态时，人们会感觉不到时间的流逝，进入“心流”状态，活在当下。

当冲浪者进入海里，他们会踏上冲浪板，并在脚踝上系上一条绳子与冲浪板连接。他们会眺望海平线，等着浪头到来。有些浪大，有些浪小，等到适合的波浪出现时，他们会赶快划水、站上冲浪板，在滚滚的浪花上飞速前进。他们有时候可以一路冲到岸边安稳着陆，有时候则在试探创造力的极限时被浪头淹没。当跌入水中时，他们要靠哪一个工具来帮忙爬到冲浪板上？答案是脚绳。

用冲浪来比喻 GTD 特别贴切。当一大堆杂事向你袭来时，你可以建立一套在杂事之上冲浪的系统。GTD 把你连接在一套可靠的系统上，帮助你紧握人生的主动权，即使落水了也能回到冲浪板上，再去追逐下一波浪头。这套方法让你能够驾驭人生抛来的任何浪潮，不管最后结果是顺利结束还是彻底失败。每一次重新开始冲浪，你都会做得更好。

这就是获得掌控力与视角的过程。你的目标并不是要随时随地保持“开机”的状态、永远维持良好的掌控力与视角，而是要在“开机”时享受追求自我极限的状态，同时知道即使有时候杂事就是会把你推倒，使你陷入“关机”状态，你也可以用 GTD 的工具和方法拉自己一把，使自己重新回到准备好了的状态。

站稳

保持

重拾掌控力

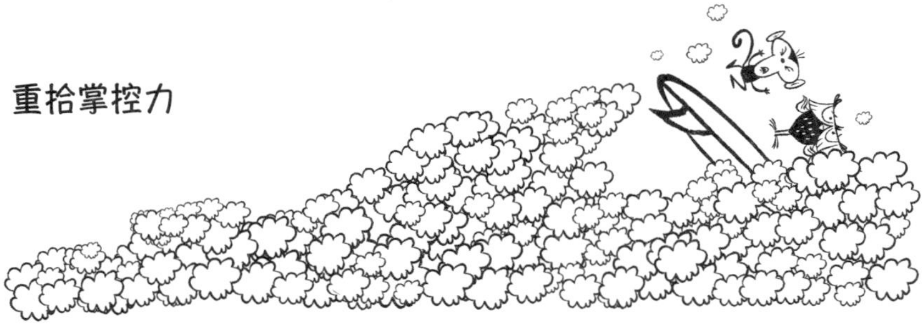

## ● 提高效率的好习惯

让我们先来预习一下接下来要学习的习惯、工具和技巧，这些方法能让你获得掌控力与视角。

## □ 换个角度思考

通过练习，你可以训练自己养成良好的习惯，就像冲浪者、运动员和音乐家通过不断练习而进步一样。

你可以训练自己更主动、反应更快、更专注于管理进入生活中的杂事。你可以学会尽量减少“未画完的句号”造成的影响，花更少的力气做完更多的事情。为了自然而然地提高工作效率，你必须养成有效的好习惯。在学校和生活中有各种杂事可供练手，请善加利用。

有些 GTD 的做法刚开始对你来说可能不太顺手。你可以想想看自己第一次学骑自行车的情况，起初一定是跌跌撞撞，很难获得平衡。练习一阵子之后，你就会骑得越来越顺，到最后几乎不必动脑就会骑了。

为了掌控杂事，你必须学会 GTD 的五个步骤：（1）**捕捉**吸引你注意的所有事；（2）**理清**每件事的意义并思考该怎么处理；（3）**整理**上一步的结果，分门别类；（4）**检视**与回顾每个类别中的内容；（5）**执行**，即付诸行动。

所有人在需要管控某件事的时候，都会采取这五个合理的步骤。

这五个步骤的原则很简单，大多数人都可以自行大幅改良其使用方式。在这五个步骤中，你做得最差的一步，决定了你的掌控力的高低。在深入介绍每个步骤之前，请先来看一下每个步骤的大概内容。

### （1）捕捉：清空大脑

为了获得掌控力，你必须做出一项重大转变——学习把所有事逐出大脑。

在这个空前的信息大爆炸时代，试图用自己的大脑记住所有扑向你的杂事，你肯定会觉得它是一团乱麻，因为你的大脑本来就不是被设计来储存数百个“未画完的句号”的。事实上，目前的研究结果显示，人类的“工作记忆”在大脑中大约只能储存四条信息，超过四条就会造成认知负担，降低工作效能。

想想你的一天：上学、做作业、参加活动、进行人际交往、完成应尽的责任等。你能估算出要记住的事情有多少吗？你可以试着光凭记忆力记住所有事，事情不多的时候，这说不定行得通。但是随着复杂程度的加深，你终究会有太多杂事要处理，这就很可能让你分心，最终导致超负荷。

通往掌控的第一步，就是从你的工作记忆中卸载所有杂事，改为把这些杂事（不管是实体的、数字的或心理的杂事）存在你的脑袋以外的地方。我们将这些外部的储存空间称为“收集篮”。

光是这项练习就足以带来焕然一新的效果。你的大脑将原本试图记住的所有杂事释放出去之后，你脑袋里就有空间来获得新的掌控力，同时你会更自由，更有机会发挥创意。

**（2）理清：处理收集到的杂事**

第二个步骤是在脑袋里运行的一项简单程序，就是决定该怎么处理在步骤（1）中收集到的杂事。

“做出决定”不是什么新奇的概念，然而要做出有效的决定，就需要一些新的技巧。而更进一步，要花最少的力气快速并正确地做出决定，则是一项艺术。我们称之为“基础思考流程”。

经过这项思考的流程后，杂事会变成以下6种类型之一：行动、项目、检查清单、将来／也许清单、参考资料、垃圾。

快速并正确地做出决定，能够为我们省下宝贵的精力。

如果能更高效地完成学校的功课，你就有更多精力和时间去发展其他兴趣，不是很棒吗？你只要学会做出聪明的决定，就能实现这个美好的愿望。为了成功地思考，你必须认真动用大脑中没被充分利用的区块，也就是前额叶。

**（3）整理：保存决定**

你有没有弄丢过有价值的东西，像是重要的作业、密码或档案，结果为了找回来或是重新做一份，不得不耗费额外的力气？据我们所知，没有人喜欢重做一遍做过的工作，因为那样既浪费时间又浪费精力。

同样地，你如果不保存好已做出的决定，最后就必须重新思考一次。为了避免这种情况，步骤（3）将教你怎么利用简单的清单（也可以称之为“地图”）追踪记录你要完成的工作和决定。

### （4）检视：查看地图

现在你已经把所有东西分门别类地放到该放的地方，也制作了简单的地图来保存你的决定。接下来的步骤就是花点儿时间放慢脚步，查看地图，让你维持掌控力，或是在失去平衡时重新取得掌控力。

地图有导航的功能，能让你朝着正确的方向前进，并能在遇到障碍时让你重新规划路线，在迷路时助你回到正轨。在这个步骤中，你将学会怎么执行每日检视和每周检视，好让自己始终保持在正确的路径上。

### （5）执行：实现目标

取得掌控力的最后一个步骤就是学会采取有效的行动，去做你判定为重要的事。你可以用一些简单的决策标准，来缩小选择的范围并获得最大益处。在这个步骤中，你会开始行动，开始看到实质可见的进展。

完成以上五个步骤可能需要你改变一些习惯和做法，但是对于其中一些部分，你很有可能已经在这样做了。让我们来看几个简单的例子，它们都是日常生活中可能自然而然会用到这些步骤的情况。

## □ 生活中的例子

万圣节的要糖果活动就是一个简单的例子。在孩子们出发去向邻居要糖果的时候，他们会准备一个袋子或枕头套（收集篮）来装收集到的糖果（捕捉），等到收获满满回家后，他们会把战利品倒出来，数一数，然后分类，例如分成好吃和不好吃的糖果，或是分成巧克力、水果糖等不同类别，放进不同的桶子（理清和整理）。

洗衣服是个更实际的例子。很多人会在家里放个洗衣篮（收集篮），把脏衣服丢进去（捕捉）。这些要洗的衣服可以分成浅色、深色和内衣（理清），被分开放置准备清洗（整理）。

到了要洗的时候，你会再看一眼分类好的衣服堆（检视），然后把衣服丢进洗衣机（执行）。

无论你是什么身份，在什么地方，处于什么情境，要面对的是什么情况，你都可以用这五个步骤获得适当的掌控力与专注力。

---

我不想让别人决定我是什么样的人，我想要自己决定。

——艾玛·沃特森（英国女演员）

---

## ● 本章总结

我们要面对比以往任何时刻都要多的信息和无所不在的网络，虽然这创造了不可思议的机会，但这么大的信息量也可能形成一些陷阱，导致紧张、压力大甚至忧郁的感觉产生。学会 GTD 这套新方法，你可以在这个网络新时代茁壮成长。

大脑中负责反应的部分是杏仁核，负责分析决策的部分则是前额叶，这两个部分的协调是新时代最重要的课题。

准备好了的状态，是指觉得自己处在“开机”状态的最佳感受，需要杏仁核和前额叶的配合。要达到准备好了的状态，需要找到掌控力与专注力之间的平衡。而要达到、保持或重新取得掌控力与视角，则需要学会用有效的方法处理杂事。杂事是指每天进入你意识中的每件事，如果不加以处理，杂事会一直以“未画完的句号”的形式存在。“未画完的句号”会破

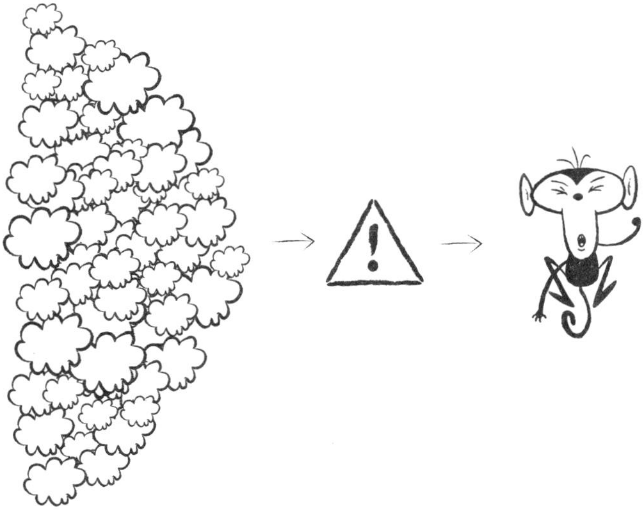

坏你的掌控力与视角，可能会导致你落入瞎忙、分心、超负荷等陷阱。

要学会如何获得掌控力，以及实现随心所欲的自由，你必须先学会有效处理杂事。

**关键词**

- 陷阱
- 分心
- 视角
- 超负荷
- 准备好了的状态
- 杂事
- 挫败感
- 掌控力
- 未画完的句号

**想一想，或是找人讨论这些问题**

- 我们都曾在某些时刻落入超负荷和分心的陷阱，你觉得自己最常碰到的是哪一种？
- 当你需要专心时，什么最容易让你分心？
- 有空的时候，你会做什么？你的心思会飘向哪里？
- 当你处在准备好了的状态时，你觉得有什么好处？你身边的人又体验过什么好处呢？
- 当你没办法进入准备好了的状态时，你觉得有什么不好的地方呢？你身边的人又有哪些体验呢？
- 哪种类型的杂事最常出现在你的世界？到目前为止，你最常用什么方法来处理这些杂事？这些方法的效果如何？
- 你有没有失眠的困扰？如果你曾经失眠，是什么原因让你晚上睡不着？

# 第二部分

# 用 GTD 搞定一切

别挑毛病，要找解药。谁都会抱怨。

——亨利·福特（福特汽车公司创始人）

## ● 搞定五步骤：头脑大扫除

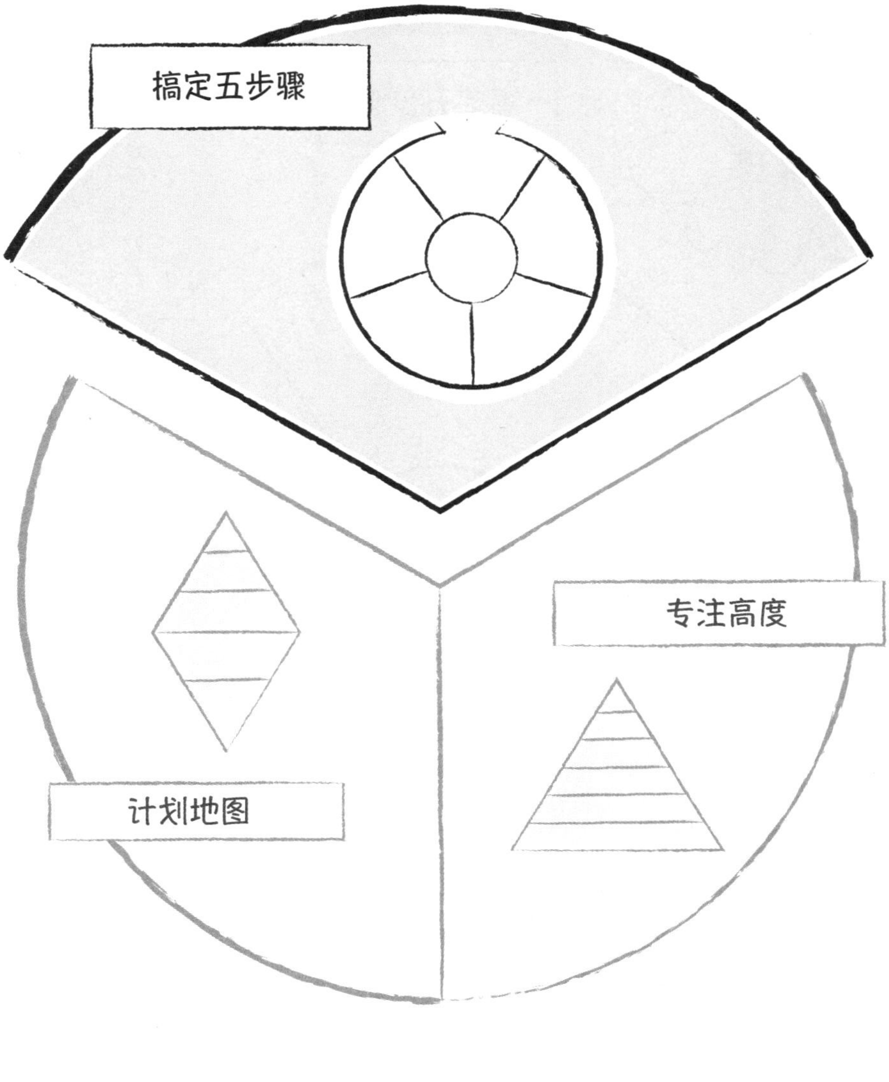

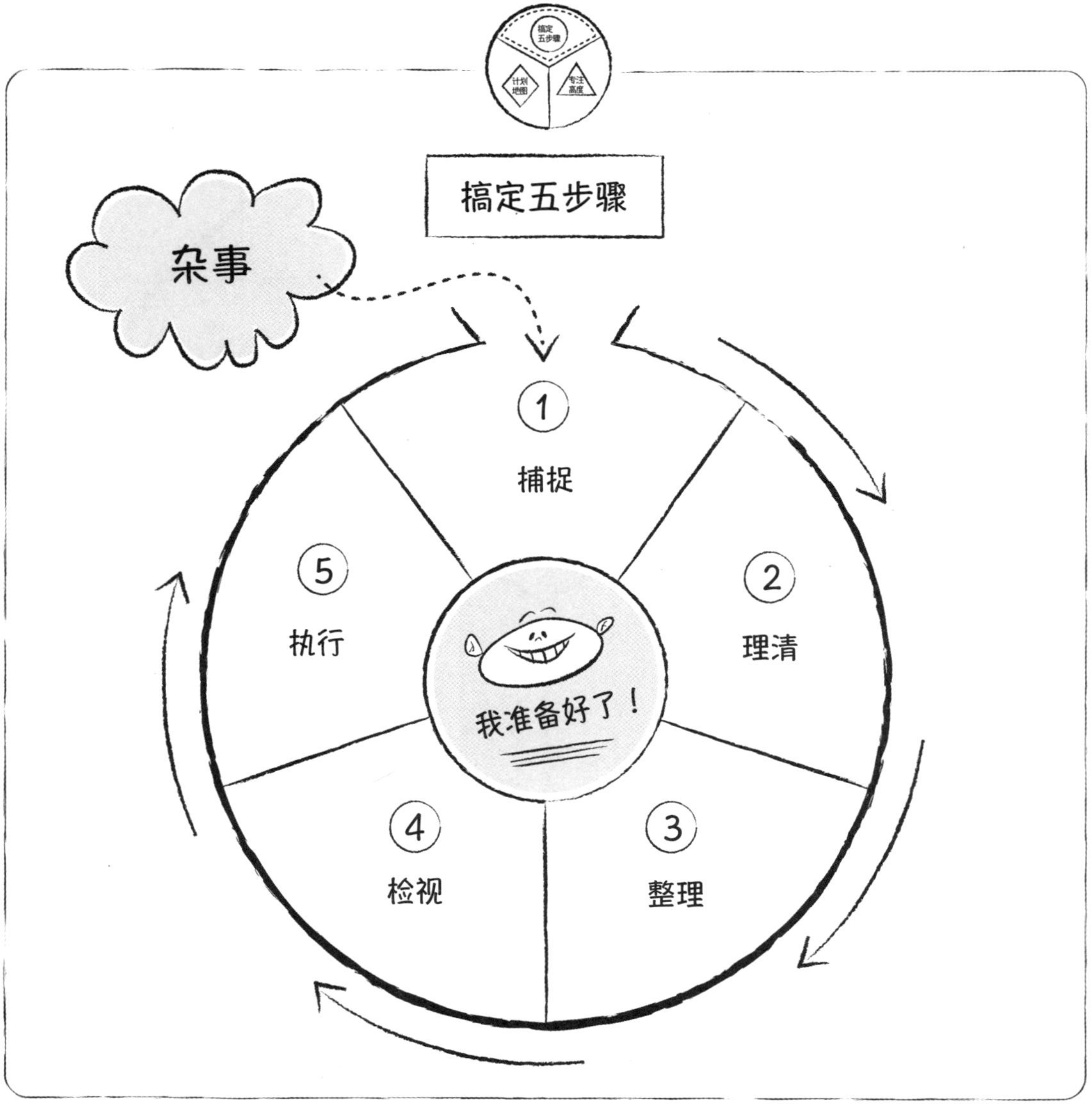
搞定五步骤
计划地图
专注高度
搞定五步骤
杂事
1
捕捉
2
理清
3
整理
4
检视
5
执行
我准备好了！

## □ 捕捉：把杂事放进收集篮

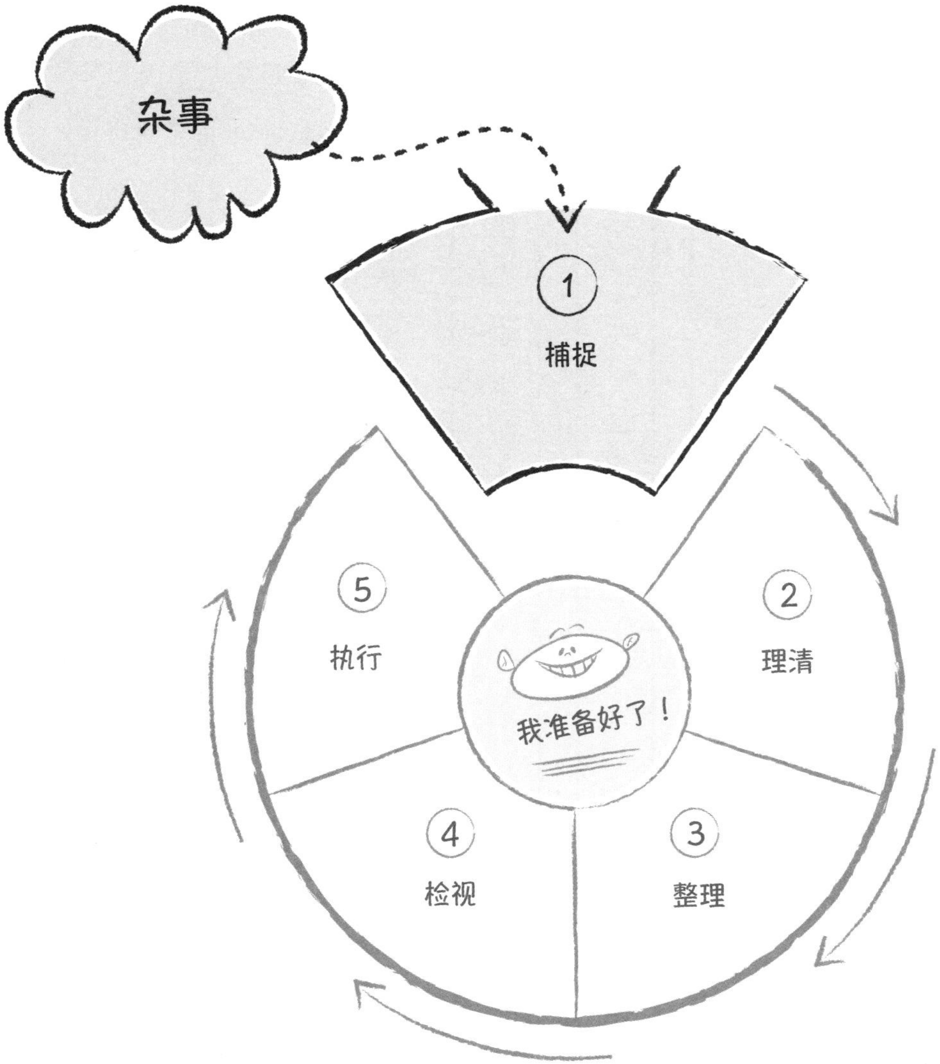

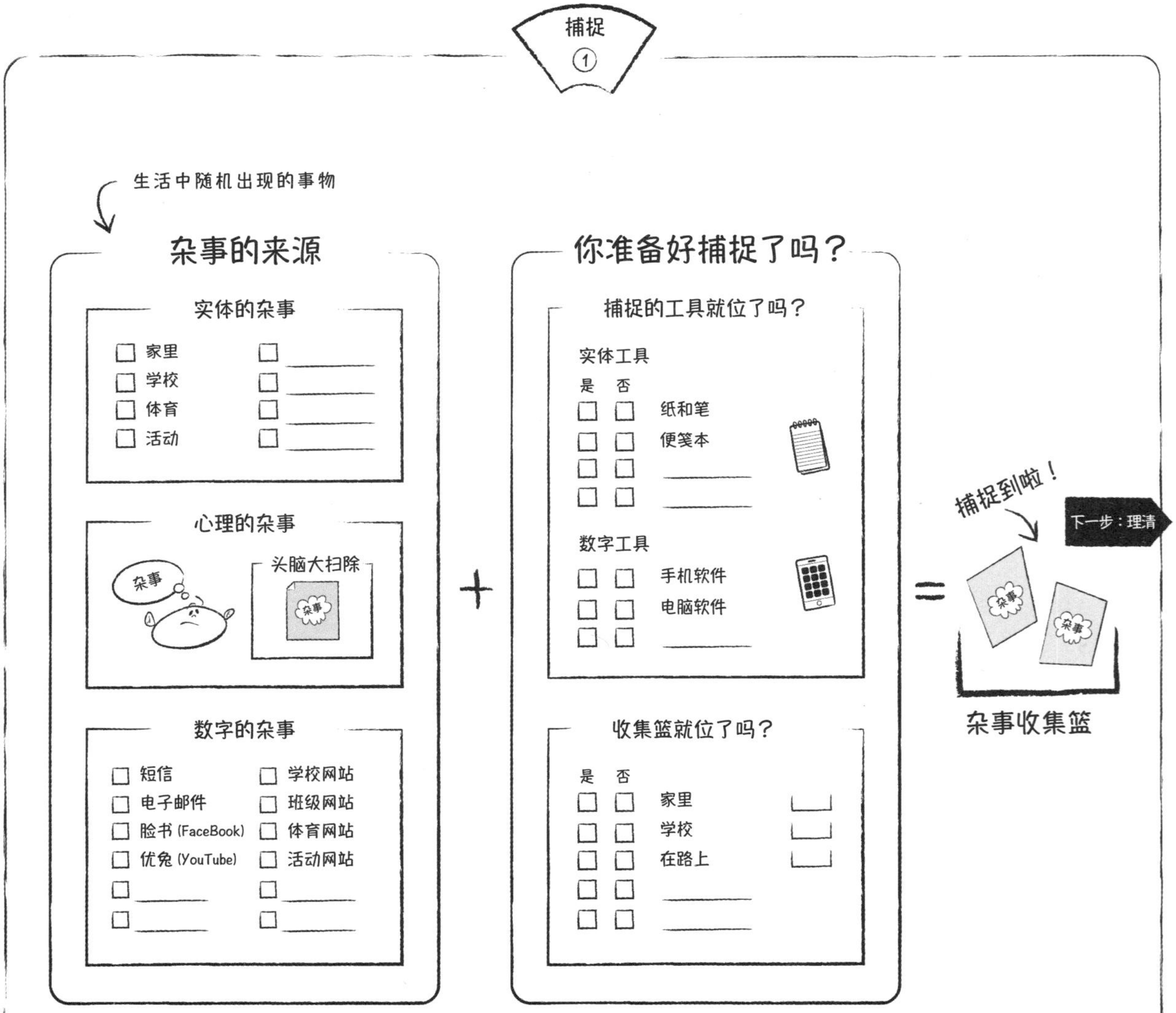


你的大脑是产生创意的地方，
而不是堆积想法的空间。
——戴维·艾伦

**喔，对了……我差点儿忘了……**

有时，你是不是必须记住第二天要把某个东西带去学校？也许是重要的作业、运动装备或是家长签名的回条？

这时，为了避免忘记，你在前一天晚上会做什么？

你八成会把那样东西放进书包，或是放在家门旁，或是放在手机或钥匙旁，总之就是放在某个你很确定自己不会忘记的地方或东西旁边。

这真是个超棒的办法。为什么呢？因为你的大脑天生是用来观察、找出规律的。首先，你的大脑提醒你，这样东西非常重要；然后，你想到早上出门的时候很可能还会睡眼惺忪、匆忙和分心，担心自己可能丢三落四。你不信任早上刚起床，自己的脑袋会提醒自己做这件事，所以你把它放在你确定自己不会忘记的东西旁边。换句话说，你运用前额叶思考之后，想出办法安抚了杏仁核。

这样做之后，你就成功放下了这件事。你不再为它担心，因此你能向前进，思考其他事情，也能安心入睡了。

**把杂事赶出去！**

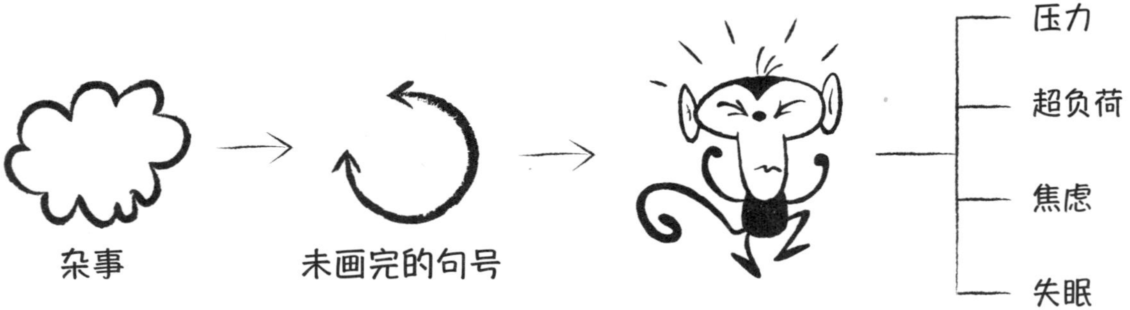


你还记得“未画完的句号”吗？那些讨厌的“未画完的句号”会让你的大脑罢工。因为每天、每小时、每分钟甚至是每秒钟，都有未完成或不断干扰你的事出现在你的世界中，这些都是杂事（“未画完的句号”）。尽管你的大脑是一个超级强大的工具，但是大脑天生就不适合用来储存杂事或“未画完的句号”。

---

你的大脑是产生创意的地方，而不是堆积想法的空间。

——戴维·艾伦

---

那么，这是否意味着你必须圆满画完每一个“未画完的句号”，立刻做完每一件事呢？

答案是：对了一半。

你的大脑真的是极度渴求完结。然而，在面对史无前例的大量杂事时，为了能真正获得掌控力，你必须学会一些全新的思考模式，才可能做到有始有终，满足大脑的完成欲。

要完成所有不断涌现的杂事是不可能的。那些把所有时间花在试图控制一切、完成一切上的人，往往是最不快乐的。因为他们要面对的是永远做不完、永远不可能满意的苦力活。真相是，一旦你做完一项作业或家务活，或是达成一个目标，就会有另一项作业、家务活或目标冒出。千万不要幻想终于有一天，奇迹出现，一切大功告成。控制一切是不可能的。

有些人只求及格就好，得过且过，只会撑到周末或是放寒暑假。他们只做到最低限度，只求老师和父母闭嘴不再唠叨。这也不是掌控，而是逃避，这种做法同样无法帮助你进入准备好了的状态。

但是，如果你在一整年中最忙碌的时候，依然能泰然自若、一切尽在掌握之中，那该有多棒！你如果在面对一长串待办事项清单时，依然能够思路清晰、没有压力，那该有多好！

老师和父母如果能做到放手不管你，不是因为你凡事勉勉强强过关了，而是因为你向他们证明了你可以管理好自己，那是多么美妙的一件事！

这样的感觉是不是很棒？是不是自由自在？

心动了吗？如果是，我们将教你一种新的做法来收集与画完“未画完的句号”。这就是“搞定五步骤”中的第一步：捕捉。

你可以把捕捉想象成一个非常具体的动作：抓住杂事，放进收集篮里。

---

我对自己说的最大谎言：“我不需要写下来，因为我会记得。”

——每一个人

---

## 把杂事移出大脑

**捕捉**是指收集可能有意义的想法或东西，这些想法或东西会引起你的注意或兴趣，它们需要你做出决定或是做些什么。

你的大脑会对“未画完的句号”念念不忘。大脑不仅会看到、听到、纠结于这些“未画完的句号”，还会在最糟糕的时刻让你重新想起它们来。

你可能会在踏进家门的瞬间突然想起，该从学校带回来的东西没带回来。你可能会在踏进教室的瞬间想起，今天该交的作业还没完成。

你可能会动不动就想到，该找时间去上驾照培训班，却一直拖延，没有动手。

你可能会在躺到床上准备入睡时想起，一项重要的专题作业早该开始动工却没做，因此惊慌失措。

不幸的是，“未画完的句号”会在你的脑海中盘旋，尤其是杏小猴。杏小猴可不会手下留情，也不会看时间或场合。

你的大脑追求完结。

那么你能怎么办呢？

你无法阻挡杂事出现。

你无法完成所有事情。

你可以选择忽略、无视，但你知道事情可能会在最糟糕的时候再次冒出来。

管理好杂事的第一步其实十分简单：让大脑卸下储存杂事的重担，把所有想法、任务、家务事、项目、担忧、差事和梦想存放在大脑以外的某个地方。

这听上去很容易，做起来其实也很容易。你有没有一直重复想起某件事？有个想法今天

在你脑海里出现不止一次？或是这个星期、这个月你曾经想到它不止一次？如果是这样的话，那么这件事就是杂事，是个迫切需要你关闭的“未画完的句号”。

要知道，这是大脑在用它的本能对你发出信号。如果你不理会这个信号，忽视它，或是刻意安抚自己不用去担忧，你也许会暂时成功，开始去想别的事。然而，这件事并不会自己消失，那么因为句号依然没有画完，你的大脑一定会再次呼唤你注意这件事。

所以，从正面处理这件事吧！

抓住它，把它写下来，写在任何地方：便利贴上、小纸片上、餐巾纸上、手机上、墙上、浴室的镜子上……都可以。重点是，只要写下来，你就能把这件事逐出你的脑袋，赶出你的内心。

接下来，把这件杂事（“未画完的句号”）放在一个可靠的地方，一个你之后会再处理的地方。

这不是拖延，而是刻意运用大脑的另一个部分，一个不同的部分（也就是前额叶），启动新的行为模式，形成新的习惯。在捕捉的过程中，你将按照自己的决定和安排去处理这件事，而不是听从杏仁核（杏小猴）的摆布。

把事情写下来，乍看之下似乎要花费更多工夫，但是这个简单的习惯最后将被证明确实是处理好杂事最容易也最有效的方法。

设想一下，你所有的杂事现在都存在于某个地方。

那么你现在是用什么系统来记住杂事，追踪所有“未画完的句号”的？

你是把所有事都存在脑袋里吗？还是依赖别人（像是你的妈妈）提醒你什么时候该做什么、该去哪里呢？还是你什么也没做，只是期待所有事情像变魔术一样自动解决？

如果你能够让脑袋完全从杂事中解放，同时你很有把握使这些事得到妥当处理，感觉岂不是很棒？

为了捕捉所有杂事，我们给你介绍一些新的工具，组成一套你自己的**捕捉系统**。这些工具将会帮助你为捕捉杂事做好准备，不论时间、地点，也不管杂事多少，都能一网打尽。我们把这称为**准备好捕捉的状态**。

第一项新工具叫作**收集篮**。

**收集篮**是一个装东西的容器，可能是个真正的容器，也可能是个电子设备，用来存放等待加工处理的事项。

### 可靠的容器

**收集篮**可能有很多不同的形状、大小或形式，会被放在不同的位置。它可能是一个实体工具，像是塑料盘、盒子，或是书桌上一块特定的区域；也可能是电子设备，像是电脑或手机上的待办清单。

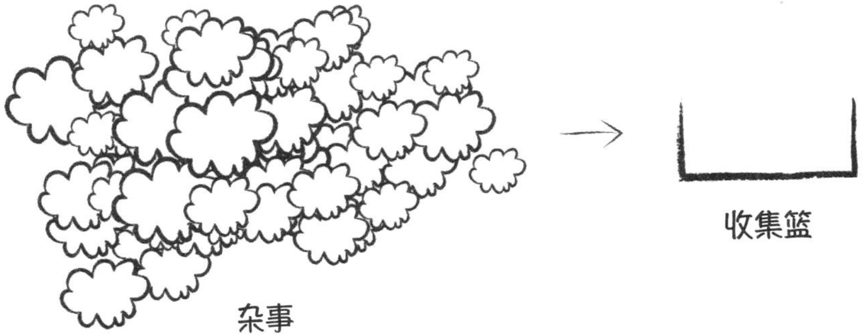

选用什么样的收集篮是很重要的，但收集篮的形式对于捕捉来说，并不是最重要的。某个人认为好用的收集篮，对另一个人来说可能不好用。无论如何，收集篮的功能都是一样的：把杂事赶出你的脑袋。找到最适合自己的收集篮，这个过程也是一部分乐趣所在。

本质上而言，收集篮就是个容器。因为你想要轻松地把杂事丢进去以后再处理，所以你最好把收集篮放在容易捕捉的地方。实体的收集篮要能存放大小不同的东西，包括信件、单据、便利贴、书本等。假如你的收集篮不方便存取东西，或是不好用，你的大脑就不会相信那是个可靠的存放处，于是会继续抓住杂事不放，这就背离了捕捉这个步骤的初衷。

你需要多少个收集篮？答案很简单：能让你成功捕捉到所有事的最少数量。你可以想想杂事的来源，你如果知道哪些地方可能产生杂事，就可以在那边放个收集篮来方便捕捉。

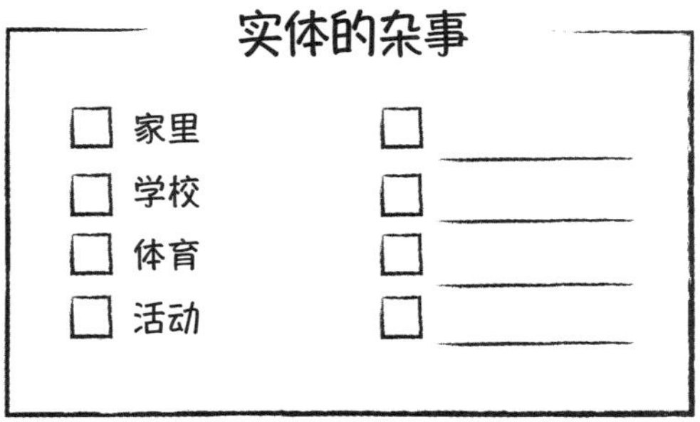


大部分人会发现自己需要至少三个收集篮——一个放在家里，一个放在学校或工作场所，还有一个是外出或在路上的时候用。

家里的收集篮可以是家里的某个固定位置，专门用来收集你收到并打算之后再处理的杂事。在准备好收集篮之后，记得告知你的家人：他们如果有什么东西想让你看，或者是发现了属于你的东西，就丢进这个收集篮。这样，你就不必再满屋子乱翻找信件、文件或手机。

所有需要你注意的东西都应该被放在那里。这个收集篮用得越频繁，你的大脑就会越信任它，你的大脑就会更自由。

学校的收集篮可以是背包里的一个文件夹，或是置物柜的一个特定空间。你可以把一整天中的所有杂事全部放进这个收集篮，然后在你准备好的时候再处理这些事。

---

心灵不是一个待填满的容器，而是一团待点燃的火。
——普鲁塔克（罗马帝国时代的著名希腊传记作家）

---

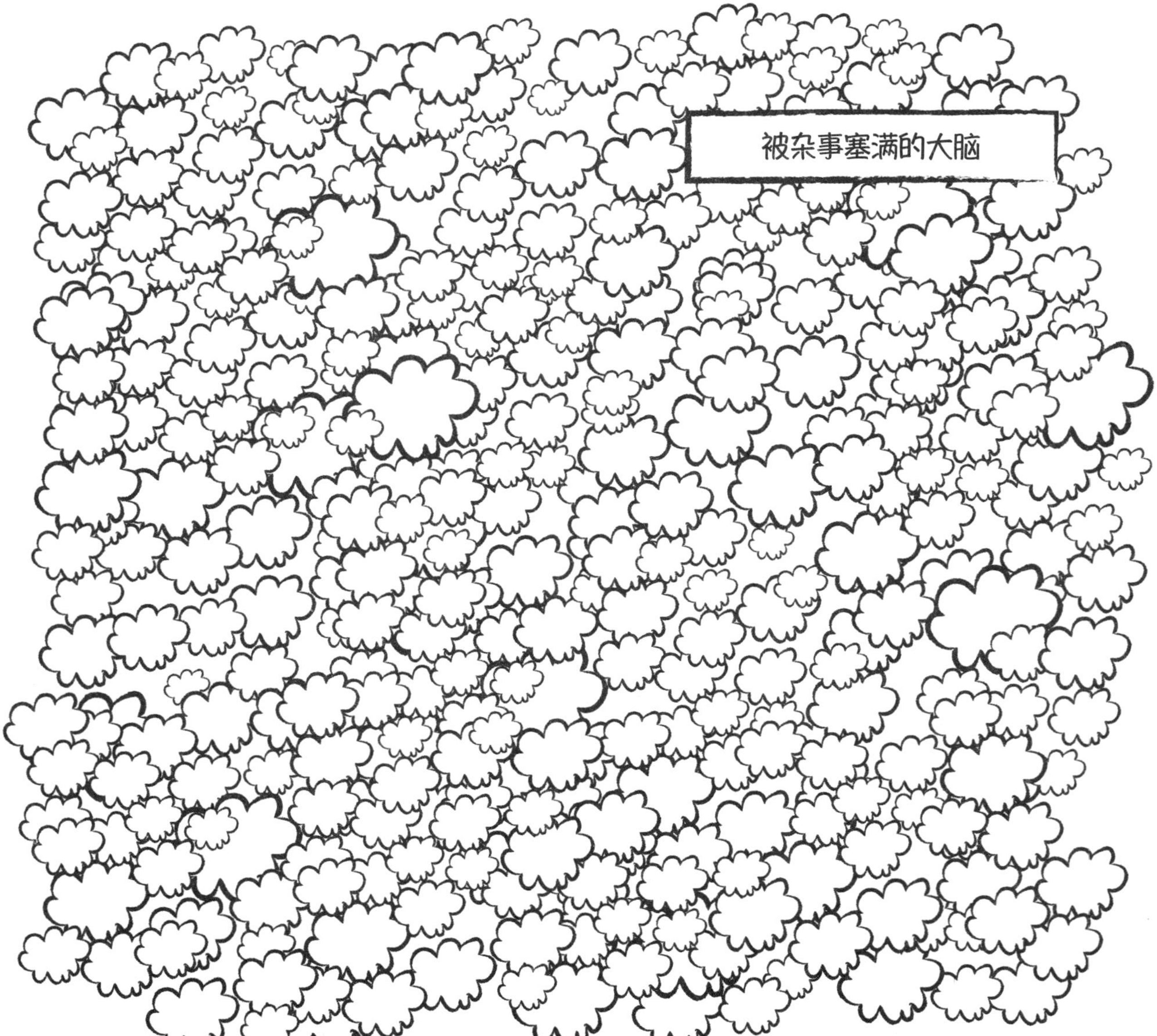
被杂事塞满的大脑

清爽的大脑

## 捕捉工具

杂事有时是有形的东西，可以直接被放进收集篮，像是笔记、信件、文件、账单、便利贴等。也有很多时候，杂事会以别的形式出现，例如：一段对话，老师的口头指示，一个念头、点子或一项任务。这类杂事是只存在于你脑海里的想法，你可以用捕捉工具把它们写下来，让它们从无形变为有形，再放进收集篮，以后再处理。

任何地点、任何时间，手边都要有捕捉工具，才能获得最佳效果。

捕捉工具

在决定哪种工具最适合自己的时候，你可以想想看，你最常随身携带的东西是什么。是在手提包里放个记事本？还是在钱包里塞一支短铅笔和一张纸？手机上的待办清单软件？只要花点儿工夫设置好，就可以把这些东西变成非常有效的捕捉工具。

如果你愿意花少许时间准备几个收集篮和捕捉工具，然后用这些工具捕捉所有出现在你世界中的杂事，你的大脑就能学会相信所有杂事最后都会得到妥当处理，就不必再为“未画完的句号”牵肠挂肚。

在这个过程中，你进入了准备好捕捉的状态。这是通往掌控的第一步。

所以，你该做些什么才能进入准备好捕捉的状态？

---

① Siri 为在苹果公司的产品上应用的智能语音助手。——编者注

## 你准备好捕捉了吗？

### 捕捉的工具就位了吗？

**实体工具**

| 是 | 否 | |
|---|---|---|
| ☐ | ☐ | 纸和笔 |
| ☐ | ☐ | 便笺本 |
| ☐ | ☐ | ________ |
| ☐ | ☐ | ________ |

**数字工具**

| 是 | 否 | |
|---|---|---|
| ☐ | ☐ | 手机软件 |
| ☐ | ☐ | 电脑软件 |
| ☐ | ☐ | ________ |

### 收集篮就位了吗？

| 是 | 否 | | |
|---|---|---|---|
| ☐ | ☐ | 家里 | ☐ |
| ☐ | ☐ | 学校 | ☐ |
| ☐ | ☐ | 在路上 | ☐ |
| ☐ | ☐ | ________ | |
| ☐ | ☐ | ________ | |

你有哪些现成的工具？

你还需要什么？

**试试看！**

测试捕捉这个步骤时，你可以试着在卧室里放一个捕捉工具，或许只是简单地将一本便笺本和一支铅笔放在床边。

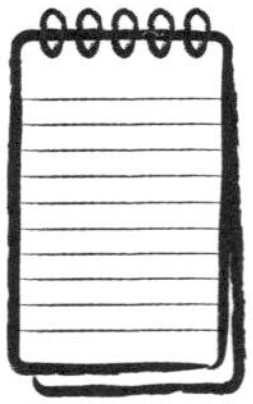

下次碰到无法入睡的时候，你就可以拿起捕捉工具，把心里想到的各种事情写下来。在这个阶段你不需要担心该怎么写，只要你能看懂自己在写什么，你所写的能引起自己注意就好。不要停，直到写下所有的事情——凡是跳进你脑海的事，全都写下来就对了。

有一项专题作业需要花心思去做？写下来。担心某个考试？写下来。和朋友吵架了？写下来。有个机会尝试新东西？写下来。

---

我的床是个神奇的地方，一躺上去，我就会忽然想起所有该做的事。

——比尔·默瑞（美国演员、导演、编剧）

---

**准备好开始捕捉**

为了让大脑学会真正信任**捕捉**这个步骤，让大脑放宽心不再惦记，你必须养成习惯，用你的捕捉工具和收集篮去捕捉每个“未画完的句号”。捕捉必须彻底，否则毫无效果。如果你的大脑怀疑你没有捕捉到全部的东西，它就会维持高度警觉的状态，到处扫描，寻找杂事。

好消息是，**捕捉**实际做起来没有听上去那么困难。刚开始你的确要多努力一些，但是一旦养成习惯，你就会发现自己以前试图把所有事都存在脑袋里的做法实在太傻了。现在你心里感觉清爽无负担，要多棒就有多棒。

让我们实际走一遍捕捉的流程。第一步是盘点到目前为止你的脑中累积的所有杂事。根据你的年龄和你到此刻为止的旧习惯，你可能已经累积了很多陈年杂事，我们称之为**积压的杂事**。

你可能会有实体的杂事、数字的杂事、心理的杂事需要捕捉。让我们先从实体环境着手。

首先来到你的卧室。无论是你有自己的房间，或是和别人共居一室，这里都是你结束一天的地方，所以就把这里作为你的基地吧！看一下四周，你的房间可能很整齐，也可能很乱，这一点现在并不重要，因为你可能在整齐的房间里有一大堆需要关注的杂事，也可能在混乱的房间里没有太多需要关注的杂事。

你现在要进行的是**杂事狩猎**，在这项活动中，你要搜寻下列区域：

1. 实体空间。
2. 数字空间。
3. 心理空间。

**杂事狩猎**是指张大眼睛审视你身处的实体空间、数字空间或心理空间，找出不是参考资料、设备、装饰品和文具用品，而且可能需要你注意的所有东西。

## 杂事狩猎——实体空间

在杂事狩猎中，你唯一要做的，就是收集符合“杂事”定义的所有东西，把它们放进收集篮。你要找出所有可能需要你注意的东西，例如：可能需要采取行动，或是放错位置，或者只不过是丢弃的东西。不管找到了什么，你在这个阶段还不需要做任何事，只需要把所有东西收集起来，放进收集篮。

**警告！小心！**在杂事狩猎中随时可能出现“分心”这个陷阱。保持专注，把杂事放进收集篮，才是你的任务。

陷阱

扫描房间的时候，你要留意五种类型的东西。为了帮助记忆，你可以记住表示下面前四种东西的英文字母缩写：REDS（红色的东西）。

1. 参考资料（Reference）：现在暂时用不到，但以后可能会用到的信息或资料。例如：书、杂志、驾照等。
2. 设备（Equipment）：经常会用到的有功能的工具或东西。例如：时钟、电话、电脑、家具、充电器等。
3. 装饰品（Decoration）：虽然不具备实用功能，但是可以反映出你的个人特质。例如：相片、艺术品、纪念品、布告板等。
4. 文具用品（Supplies）：你会用到且会用完的东西。例如：纸、笔、便利贴、荧光笔等。
5. 杂事（Stuff）：不属于以上 REDS 的所有东西都是杂事，你必须将其放进你的收集篮。

△ **扫描杂事**

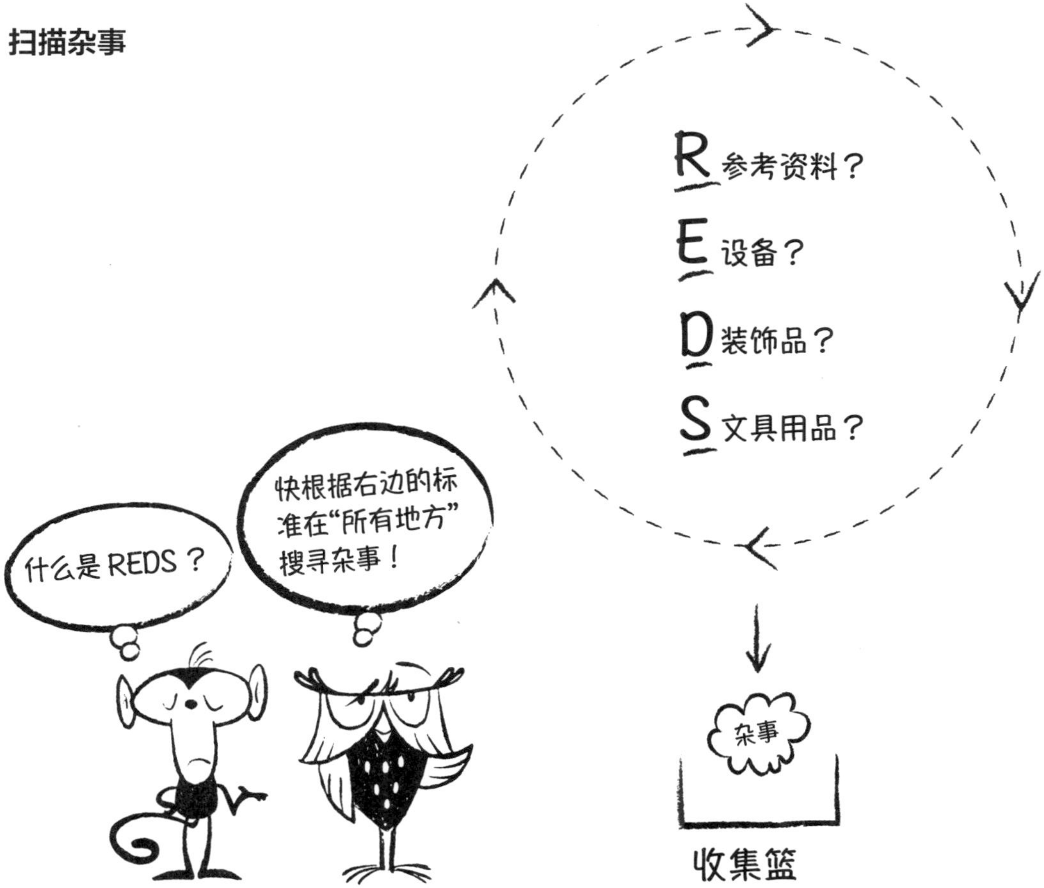


扫描你的房间，找出不属于 REDS 的所有杂事。形形色色的杂事可能有未完成的家庭作业、需要家长签名的回条、脏衣服……如果因为大小或地点的限制，你没办法把某个实体的杂事放进收集篮，那么就把它写在一张纸上作为代表（例如：“柜子里的死老鼠”“坏掉的椅子”“妈妈的生日”），然后把那张纸放进收集篮。原则上来说，当你之后再看到那张纸时，你要能够知道这项杂事是什么地方的什么东西，而且每一件杂事要写在单独的一张纸上（这对之后要进行的步骤 2 很有用）。

不要急，慢慢来。进行杂事狩猎时，你一开始可以很快巡视一遍房间，捕捉显而易见的东西；再深入挖掘比较不显眼的地方，像是抽屉、柜子、工作台面、地板、架子、背包，或是可能包含杂事的地方。尤其是第一次进行杂事狩猎时，更要巨细无遗，涵盖每个角落。

等到把所有杂事放进收集篮，通往掌控的旅程就正式开始了。

在捕捉的过程中，你有什么感受？不论你的感觉是正面的还是负面的，别担心，这些感觉在这个阶段都是很正常的反应。你只要注意自己的感受，这样一来，当你继续使用这些工具和方法时，你才能注意到有哪些变化。当然，最理想的情况是你体验到巨大的进步。

经过杂事狩猎，如果需要关注的所有杂事都已经被放进收集篮，那么现在你的房间里应该只剩下 REDS 了。对你的大脑而言，这就是最井井有条的状态。你的房间虽然可能看起来不算干净整洁，却是真正处于条理清晰的状态，因为每一样东西都被放在了符合其意义的正确位置。你真正“打扫”了房间，而你所做的只不过是把杂事统统捕捉到收集篮里而已。

现在看一下你的房间，这就是我们所说的“清爽”，现在没有其他东西需要你付出注意力，你把所有需要处理的东西都放进了收集篮，我们将会在步骤 2（理清）对其进行处理。现在，这就完成了步骤 1（捕捉）。

好啦，先别急着庆祝，因为你的收集篮可能处于堆得满溢出来的吓人状态。没关系，我们才刚开始。你第一次进行杂事狩猎很可能会捕捉到超大量的杂事，等到你养成定期捕捉的习惯，杂事的数量就会降下来。

完成卧室的杂事狩猎后，再想想看，在现实世界中还有哪些地方可以通过杂事狩猎而变得更好？厨房台面？书包？学校的抽屉？装运动用品的袋子？衣柜？车？

### 杂事狩猎——数字空间

接下来，让我们进入数字世界，进行另一种杂事狩猎。有些人的数字世界可能很容易就能扫描完毕；有些人的可能会很复杂，要比实体空间付出更多力气才能完成。捕捉所有数字杂事可能是一项艰难的任务，因为杂事非常容易躲进层层文件夹、应用程序或云端。不过，看不见的杂事仍然是杂事，你的大脑同样会牵挂这些杂事。

以下是数字世界的杂事狩猎攻略。

首先要确认你的数字杂事目前的来源和聚集点，比如传送与接收信息的账户、学校网站、手机和电脑的相册或社交媒体的动态消息。

## 数字的杂事

- [ ] 短信
- [ ] 电子邮件
- [ ] 推特（Twitter）
- [ ] 脸书
- [ ] 优兔
- [ ] ________
- [ ] ________
- [ ] 学校网站
- [ ] 班级网站
- [ ] 体育网站
- [ ] 活动网站
- [ ] ________
- [ ] ________
- [ ] ________

一旦知道该在哪里去狩猎数字世界的杂事，那下一步就是决定如何捕捉数字世界的杂事了。你之前在房间进行杂事狩猎时使用的实体收集篮和捕捉工具，现在可以继续使用。把捕捉工具放在电脑或手机旁边，做好准备；再在收集篮的附近坐下，然后开始检查。一看到需要关注的杂事，就用一张纸记下来，再把这张纸放进收集篮，例如：要回复的信息、要整理的电子档案、要购买的东西等。

你也可以在电子设备上建立一个文件夹或清单，作为你的数字收集篮和捕捉工具。如果你决定采用数字的方式，一定要找一个好用的程序。网络上有很多列表管理程序可供下载，说不定你的移动设备本来就有预装好的程序，像是提醒、笔记、任务软件等。

现在你不需要为选择收集篮和捕捉工具有太多顾虑，因为并不是你做了决定就不能改变。经过第一次的尝试之后，你应该会发现有些部分很顺利，有些则不太顺利，你可以对其酌情进行调整。这是 GTD 这套方法的另一个优点，你可以随时改变或替换所使用的工具。你用的收集篮和捕捉工具可能会改变形式，但功能是一样的。

请彻底检查每个电子邮箱的收件箱、电脑桌面、旧档案和文件夹，找出所有杂事，这些杂事可能对你有意义，需要你关注或是采取行动。仔细查看你的硬盘、相册、信息、云盘的文件、社群媒体的信息流、班级网站、日历等。

你可以把这些东西一一拖放或捕捉到事先设定好的数字收集篮里，或者用实体捕捉工具把它们写下来，放进收集篮。

想一想，在数字世界捕捉杂事的体验，和你在房间里进行杂事狩猎的感觉相比，有什么相同或不同的地方？

### 杂事狩猎——心理空间

把实体和数字的杂事全部收集起来，是迈向获得掌控力的一大步。不过，还有一个地方需要你深入扫描搜寻，那里是出了名的杂事堆积大仓库，甚至会产生成千上万的“未画完的句号”，那就是你的大脑。

大脑可能是最不好搜索的一个地方，因为看不见也摸不着。但它同时也是最方便搜索的地方，因为随时随地都可以进行。你的大脑永远跟着你，永远在扫描你的世界，寻找可能有意义的相关信息，对于接踵而来的杂事永远超级敏感，甚至会自己产生杂事，其中有些可能是“未画完的句号”。

举个例子，假设你看到一张公告写着驾校的报名截止日期，提醒你必须找父母谈一谈报名的事。对于这个新产生的杂事，你有两个选择：第一，写下来，提高顺利完成这件事的机会；第二，假定自己之后会记得这件事。你如果选择不捕捉这个念头，或许可以省下 5 秒钟，

但你要知道，这样做的后果是你有可能忘记这件事，然后杏小猴会在最糟糕的时间——像是正准备学习的时候，或者是凌晨 3 点你正努力让自己入睡的时候，又或者是在截止期限过了一天以后跳出来提醒你。说到底，最稳妥的办法就是捕捉到它。

挖掘脑袋里深埋的杂事，是为了让你能在自己想要的时间，用自己想要的方式去处理它们。在清空大脑的时候，试着慢慢来，把手机暂时收好，让你的思绪随意游走……然后思考：当你的心静下来，你的思绪会去往何处？

你的思绪不论去到哪里，都很可能因为遇到某个“未画完的句号”或某件杂事而停下。现在，我们要介绍一个有助于挖掘大脑内“未画完的句号”的活动，也就是在大脑里进行的杂事狩猎，可称为**头脑大扫除**。

**头脑大扫除**就是捕捉出现在你大脑里或是吸引你注意的每一件事。

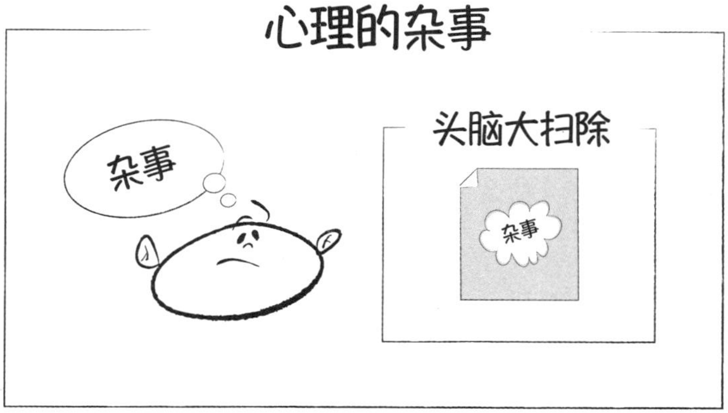

你骗得了每一个人，却骗不了自己的心。

——戴维·艾伦

## 进行头脑大扫除

头脑大扫除的功效，有点儿像帮助疏通堵塞的大脑。

通过头脑大扫除，你可以发现堆积在你脑袋里的杂事。请先拿一叠纸作为捕捉工具——我们建议至少在头两次进行时用纸，而不是使用电子设备作为捕捉工具，这样可以避免应用程序和各种通知导致你分心。如果你能找到一个不被打扰的空间、让自己独处一段时间就更好了。

准备好开始了吗？你只用注意有什么东西吸引了你的注意力。你心里挂念着什么？你的大脑让你注意什么？你在想什么？

不管你在脑海里发现了什么，把它写在纸上，这样你就能让你的大脑卸下追踪那件事情的担子。不用怕写得不好，也不用烦该去做什么，现阶段只要用某种方法、某种形式把它记下来就好。

在这个阶段，你不是要决定把注意力放在哪里或如何集中注意力，而是要找出引起你注意的所有东西。如果这件事出现在你的脑海，那就表示这件事可能需要你花一些力气去思考。

你写下的清单可能会像这样。

- 期末考试
- 毕业舞会
- 妈妈
- 校外学习
- 零用钱
- 驾照
- 暑假打工
- 衣柜
- 排球
- 新衣服

---

纸是用来写下我们需要记住的东西的，大脑则是用来思考的。

——阿尔伯特·爱因斯坦

---

## 引子清单

在开始头脑大扫除的前几分钟，你会捕捉到脑袋里面活跃的想法。然而还有一些想法潜伏在大脑深处，这些“未画完的句号”只是暂时没有浮现，但是杏小猴可能会在最不恰当的时机让你重新想起它们。

为了更深入地挖掘你的内心，找出更多杂事，我们要使用一种叫作**引子清单**的工具来进行头脑大扫除。顾名思义，这是一份可以触发、提醒你的清单。可以触发你的东西有很多，例如手机的闹钟或提醒功能、门上的便利贴、自己发给自己的信息等，功能是让你在适当的时间想到相应的事。而引子清单可以把这些东西集合在一起，在适当的时间激发你思考。我们在头脑大扫除时使用的引子清单，能帮助你想起在脑袋里没那么明显或活跃的杂事。你在第一次进行深层的头脑大扫除时，可以参考下面这份由一位青少年设计的引子清单。

引子清单

| | |
|---|---|
| 承诺 / 答应的事 | 妈妈、爸爸、兄弟姐妹、朋友、奶奶、爷爷 |
| 沟通 / 社交媒体 | 电子邮件、短信、电话、脸书、照片墙 (Instagram) 、推特 |
| 近期活动 | 生日、考试、项目、度假、运动 |
| 财务 | 文具、打工、衣服、考试报名费 |
| 休闲 | 书、电影、爱好、出去吃东西 |

使用引子清单时，你可以花大概 5 分钟，一一看过列表上的每个事项并想一下，如果有某条让你想到“未画完的句号”，或者让你联想到其他杂事，就把这件事写下来。通过这种方式额外捕捉到的“未画完的句号”，也请写在这次头脑大扫除时列出的同一份清单上，然后把这份清单放进你的收集篮。

**完成第一次盘点**

第一次的捕捉是最费劲的。想想看，这是你第一次完整盘点自己一生中累积至今的所有杂事，一定是一大堆的事情。

不过别担心，完成第一次巨细无遗的捕捉过程之后，所有积压的杂事现在都被放进了收集篮，以后一定会越来越容易。从这一刻起，你只需要持续地在杂事出现时，把它捕捉进收集篮就好。

还记得前面提过的冲浪板效应吗？这是第一步：站稳（掌控）——想办法站到浪头之上。

彻底清点所有杂事需要一些时间和耐心。之后要维持和重拾掌控力，则不需要花费那么大的精力。一旦养成随时准备好捕捉的习惯，这个步骤就会变得轻松自然。

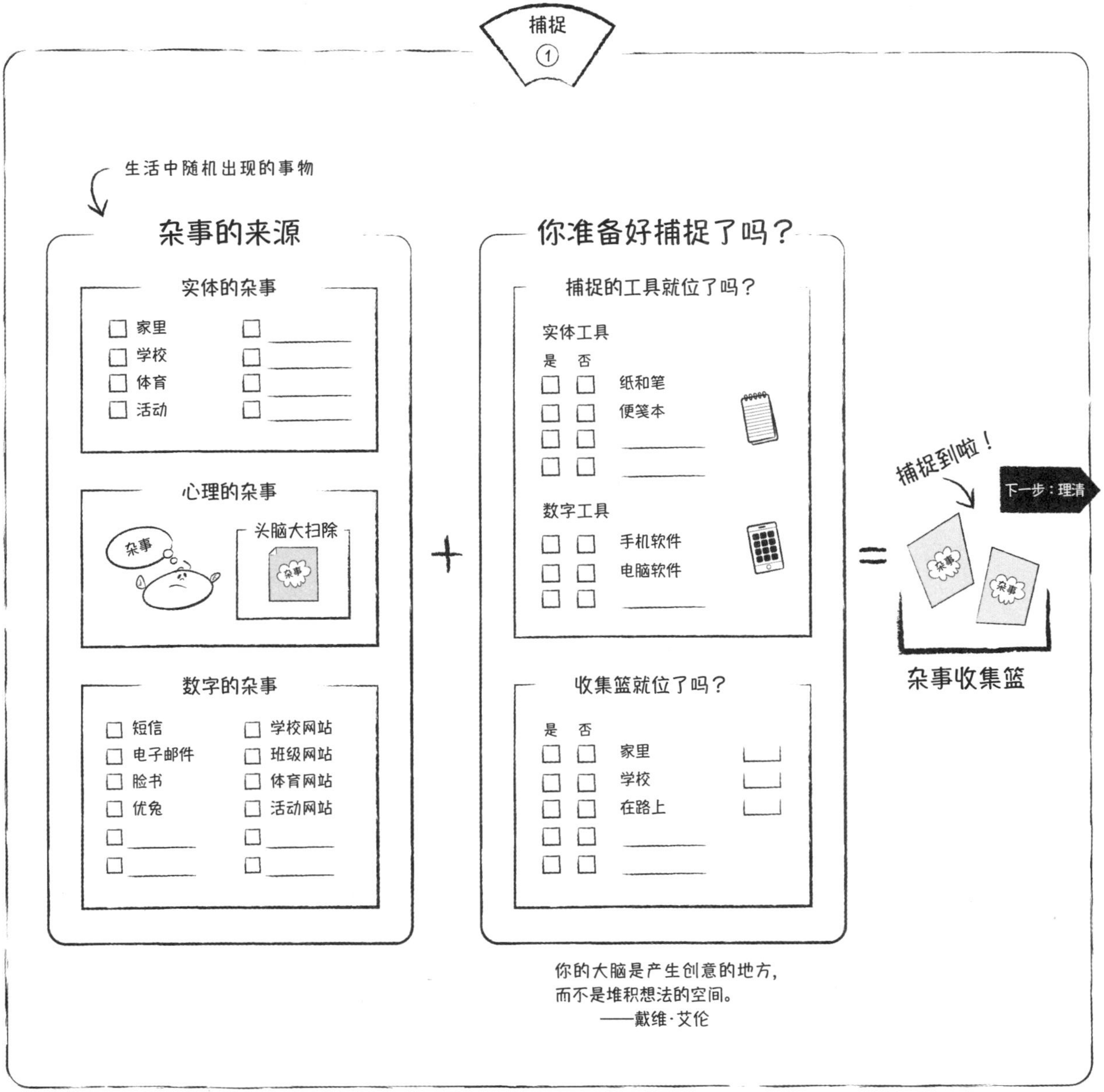
捕捉
1
生活中随机出现的事物
杂事的来源
实体的杂事
家里
学校
体育
活动
心理的杂事
杂事
头脑大扫除
杂事
数字的杂事
短信
电子邮件
脸书
优兔
学校网站
班级网站
体育网站
活动网站
你准备好捕捉了吗？
捕捉的工具就位了吗？
实体工具
是 否
纸和笔
便笺本
数字工具
手机软件
电脑软件
收集篮就位了吗？
是 否
家里
学校
在路上
捕捉到啦！
下一步：理清
杂事
杂事
杂事收集篮
你的大脑是产生创意的地方，
而不是堆积想法的空间。
——戴维·艾伦

## 压力变大？还是松了口气？

捕捉完实体、数字、心理这三个领域的所有杂事之后，你可能会体验到某种情绪。有些人会感觉压力变大，因为看到有这么多事情需要注意而觉得负担很重，难以承受。如果你有这样的感受，请记住：在此过程中，你捕捉到的东西全都是原本就存在的，捕捉的动作只是帮助你看清楚而已。在接下来的步骤中，你将学会加工处理这些杂事，然后获得前所未有的掌控力。

另外，有些人会在捕捉完毕后感觉松了口气，因为现在他们可以看清全貌，看见一份完整的清单，里面包含所有必须处理的杂事，这让他们发现，其实自己手上的杂事并不像自己所担心的那么多——如今看来，获得掌控力是可以达成的目标，他们因而会产生自信。事实上，完成**捕捉**步骤的人多半会同时体验到压力变大和松了口气这两种混杂的情绪。

我们接下来要进行的步骤是**理清**，这是能够让你获得掌控力的秘方，它能够实现前面所描述的“操作式掌控”，同时它是达到准备好了的状态的关键。现在该轮到你的前额叶全力发挥作用了，这可能是你从未尝试过的方式。

## △ 小结

把杂事从心里驱逐出去的第一步是**捕捉**，利用捕捉工具网罗实体、数字、心理的杂事，可以让杂事具象化。把捕捉到的杂事放进可靠的**收集篮**，就能让大脑相信你会在之后找时间处理这些事。捕捉也可以看作画完**未画完的句号**，虽然它还需要下一步行动或者还没有真正完成。

### 关键词

- 捕捉　• 杂事狩猎　• 头脑大扫除　• 积压的杂事　• 收集篮　• REDS　• 引子清单

### 想一想，或是找人讨论这些问题

- 你有没有失眠的困扰？如果你失眠过，是什么原因让你晚上睡不着？
- 你已经有了哪些捕捉工具？电子信箱？各种收集篮？
- 你有没有列过待办事项清单？如果有，你觉得效果怎么样？对你有帮助吗？有没有可以改进的地方？
- 你认为应该在哪些地方放置收集篮，捕捉出现在你世界中的杂事？想想看，要捕捉到所有杂事，最少可以使用几个收集篮？
- 你准备好捕捉了吗？捕捉的工具（例如笔记本、手机软件）是否已就位，可以随时进行捕捉？你可能还会需要或想要用哪些工具？
- 哪种类型的杂事最常出现在你的世界？到目前为止，你最常用什么方法来处理这些杂事？这种方法的效果怎么样？

### □ 理清：确认下一步行动

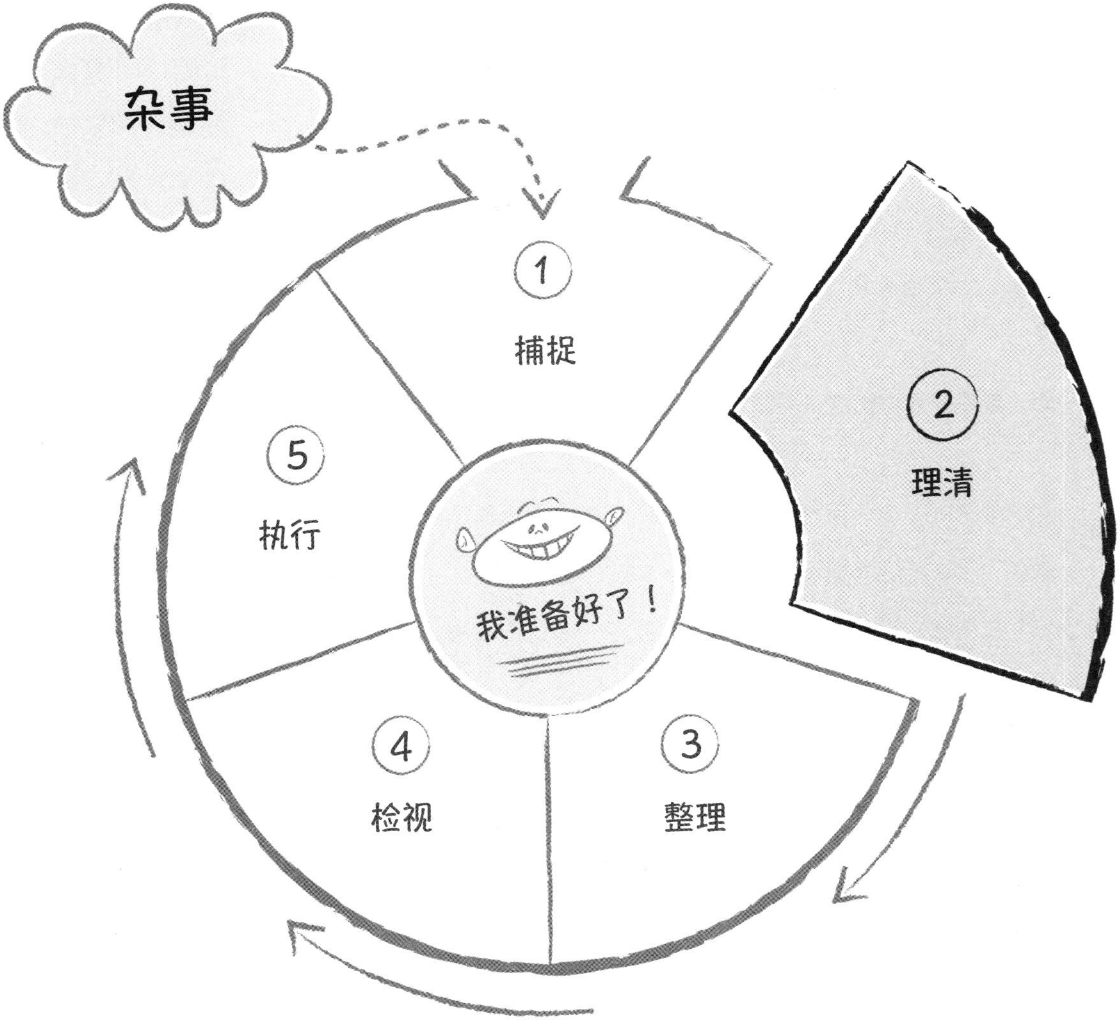

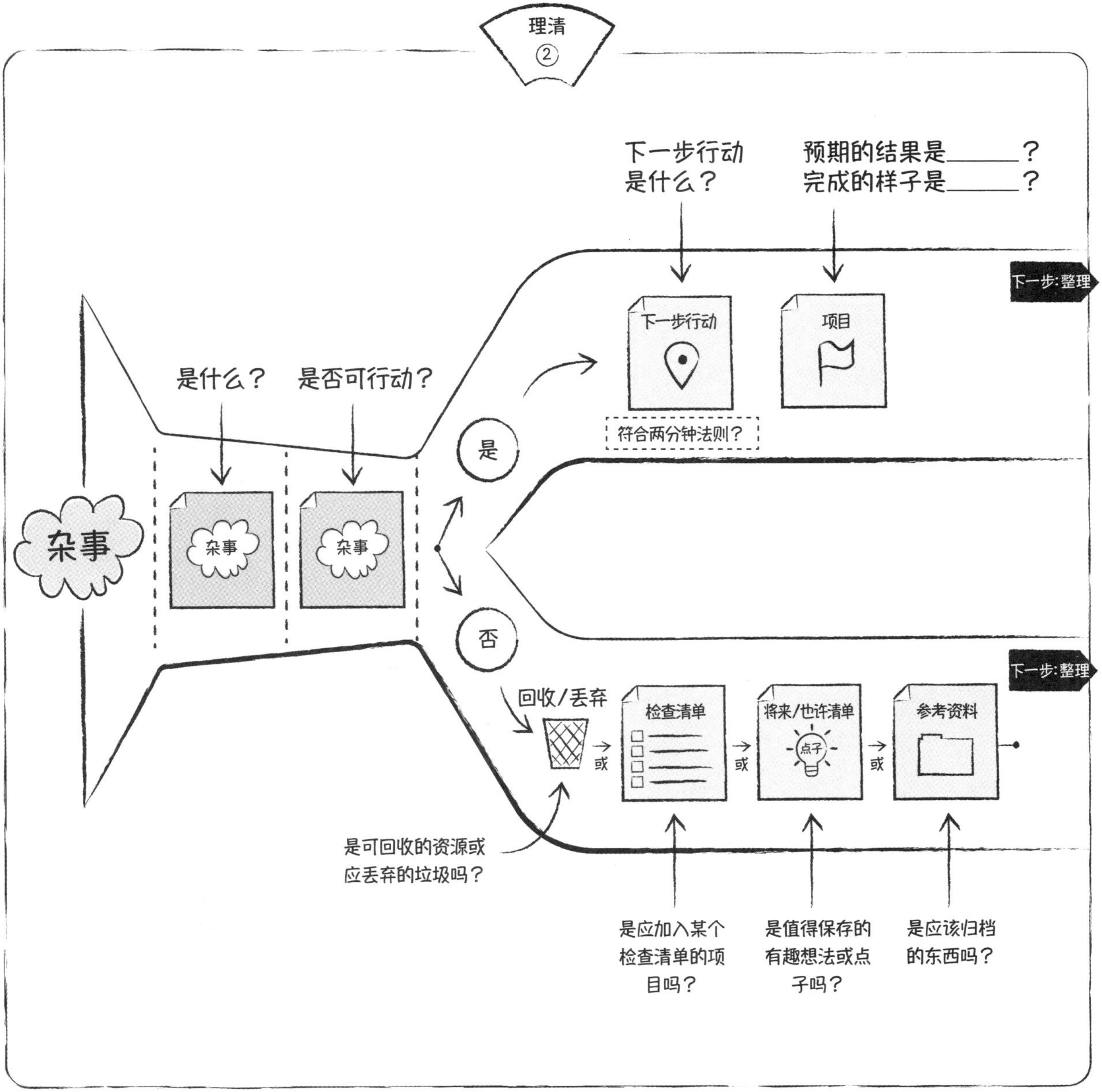
理清
②
下一步行动
是什么？
预期的结果是______？
完成的样子是______？
下一步：整理
下一步行动
项目
是什么？
是否可行动？
符合两分钟法则？
是
杂事
杂事
杂事
否
下一步：整理
回收/丢弃
检查清单
将来/也许清单
点子
参考资料
或
或
或
是可回收的资源或
应丢弃的垃圾吗？
是应加入某个
检查清单的项
目吗？
是值得保存的
有趣想法或点
子吗？
是应该归档
的东西吗？

## △ 做决定

**理清**：明确捕捉的杂事的意义。

**理清**这个步骤不像捕捉那样具体可见。在捕捉的过程中，你找到的杂事大多是明确、有形的事物，而且捕捉的成果都在收集篮里面，清晰可见。

相反，理清是 100% 在你脑袋进行的，你需要仔细思考并做出决定。理清是搞定五步骤中最重要、最有效的一个环节。长久以来的经验证实，这是最有挑战性的步骤，也是影响最大的步骤。等到你能驾驭这个步骤时，你就永远离不开它了。不管是要达到准备好了的状态、获得掌控力，或者是在生活中创造出空间容纳你所爱的事物、争取更多自由，还是想要改变世界、百战百胜、飞上月球、开发超能力，起点就是学会运用这个简单的决策步骤。

### 一件事只想一次就好

经过第一个步骤，你已经捕捉完所有杂事。步骤 2 则是要你处理这些捕捉到的东西。接下来我们要教你如何处理这些杂事，一次处理一项，一次做一个决定。

**理清**这个步骤，是把收集篮里乱七八糟的杂事，转化为可以采取行动、可以使用或是可以管理的形式。这个步骤非常关键，比其他任何步骤更需要你专注思考。相较之下，头脑大扫除的过程简单快速，理清则缓慢且讲究方法。这其实很像工厂的生产线，随着你经过一段时间的练习，你的工作就会变成自动化的动作，就像刷牙一样。

同样，**陷阱**依然会在这个步骤中跑出来捣蛋。事实上，很多人宁愿去做其他的事情，也不愿意全心投入理清的过程。

为什么有人会自投罗网，走向陷阱？这是因为查看信息或打电子游戏可以不用做深度思考，可以使你获得短暂的逃避与解脱。思考需要注意力、时间和精力。但是别忘了，我们的终极目标是高效并正确地思考，意思是你只需要花最少的力气去思考就好，不会由于今日的拖延，导致日后必须重复思考很多遍。

换句话说，在适当的时机思考，可以避免浪费时间、精力、注意力，而且可以让事情更清楚明白、顺利，让你享有更多自由，有更多精力去做你想做的事。**理清**这个步骤是获得掌控力的关键，也是 21 世纪最重要的技能。

---

思考是世界上最艰苦的工作，这大概就是很少有人愿意动脑的原因吧！

——亨利 · 福特

---

### 转化器

你需要通过一套思考流程，理清每一件进入你世界的杂事。为了方便理解，我们创造出一种工具叫作**转化器**。

**转化器**并不是实体的工具，而是一种思考流程，我们称之为“基础思考加工”。下面的转化器图示可以帮助你理解这个流程。

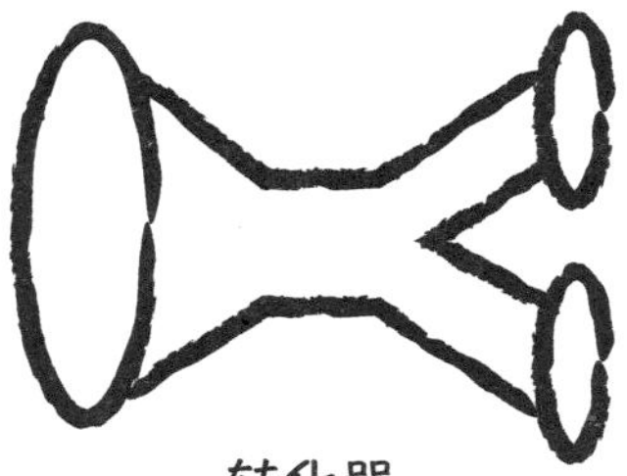

转化器

转化器的运作方式是从左边的入口把杂事放进去，经过对一些问题的评估，根据答案为“是”或“否”，分别从右边两个开口的其中一个出去。杂事经过这样的转化而有了新的样貌，变得更容易处理、更容易使用。转化器可以用来转化生活中的任何事物，所有事物都可以转化。

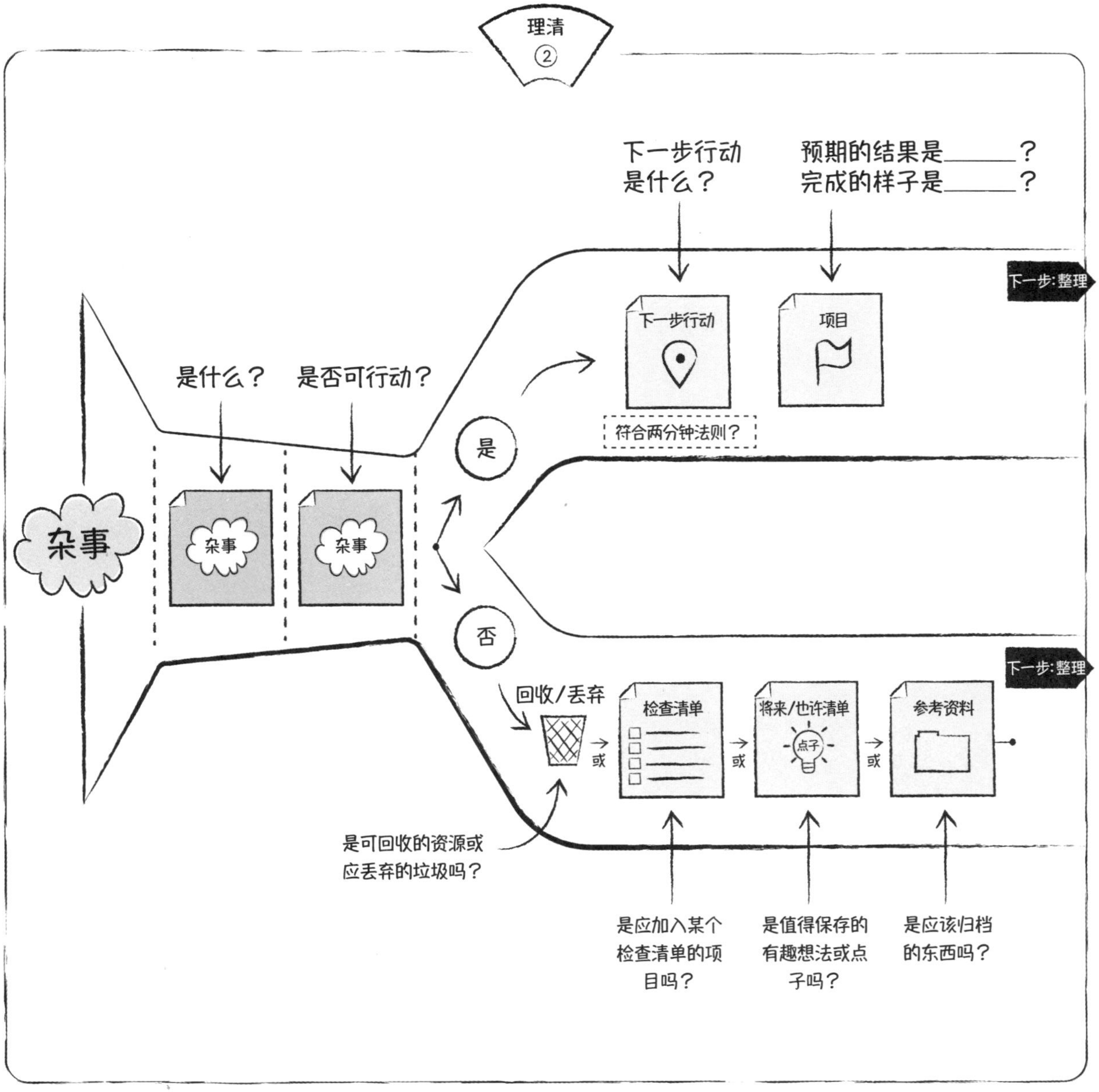
理清
②
下一步行动
是什么？
预期的结果是______？
完成的样子是______？
下一步：整理
下一步行动
项目
是什么？
是否可行动？
是
符合两分钟法则？
杂事
杂事
杂事
否
下一步：整理
回收/丢弃
检查清单
将来/也许清单
点子
参考资料
或
或
或
是可回收的资源或
应丢弃的垃圾吗？
是应加入某个
检查清单的项
目吗？
是值得保存的
有趣想法或点
子吗？
是应该归档
的东西吗？

这是什么？

## 一次一件事：这是什么？

利用转化器做决定的过程是这样的：首先从收集篮里拿出一件杂事，然后问自己："这是什么？"

对这个问题不要想太多，这只是为了让你回想起这是什么东西、为什么会被捕捉进收集篮，所以你凭直觉简单回答就好。

你的回答可能是：

- 这是我的数学作业。
- 这是聚会的请帖。
- 这是毕业舞会礼服的收据。
- 这是治疗癌症的一个点子。

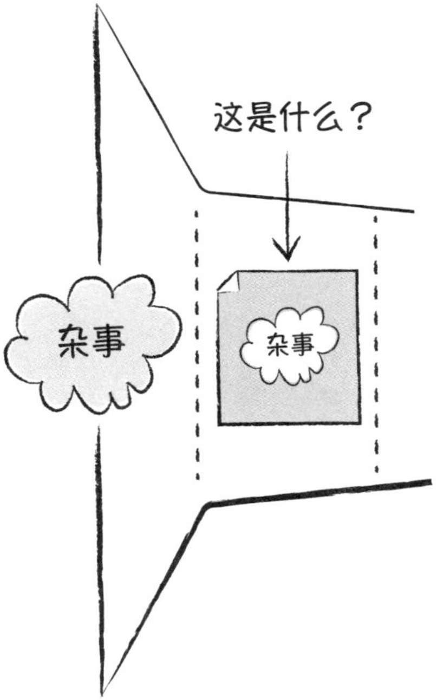


确定这是什么东西之后，就要进行较高层次的思考了。只要跟着下面的问题走，整个过程将会很简单。

是否可行动？

这个问题可以帮助你根据"是否可行动？"将所有杂事分为两类。这个问题意味着你要决定你是否真的需要做这些事，这可能意味着你要立刻采取行动，或是在将来某一天或某个时间需要采取行动。

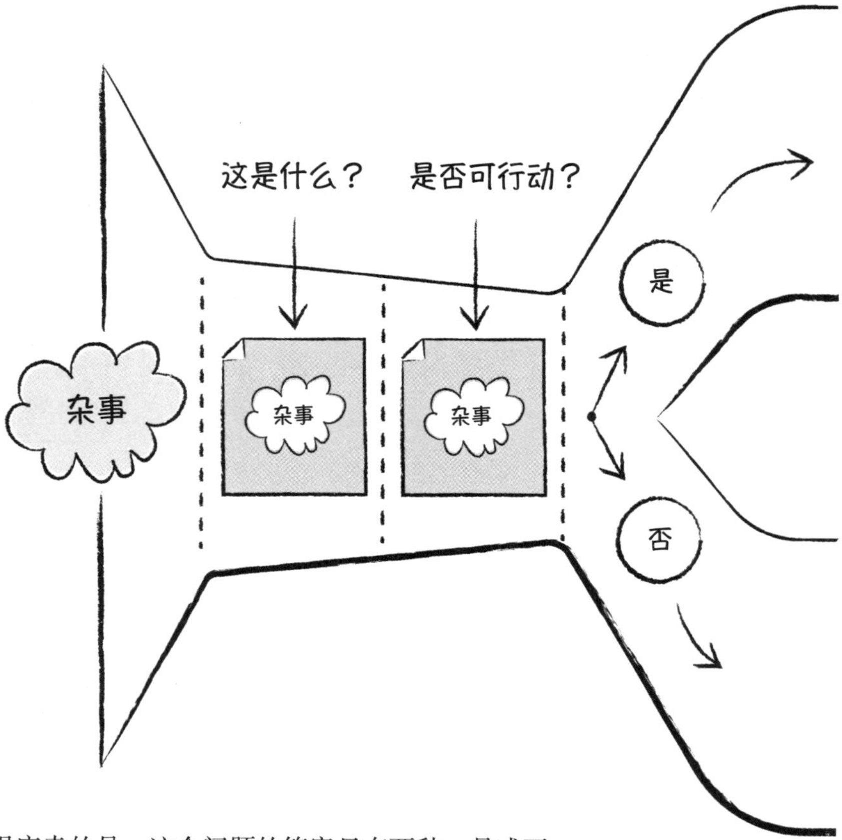


值得庆幸的是，这个问题的答案只有两种：是或否。

是——你需要为这件事做些什么，包括照顾、参加、归还、完成、考虑、研究、寻找、摆弄、交谈，联络等。

或

否——你不需要这个东西，或者虽然你想要 / 需要保留这个东西，可是你目前不需要对其采取任何行动。

不可行动的事项

让我们先从“是否可行动？”这个问题的答案为“否”的类别开始说明。

如果一样东西不需要你付诸行动，也就是你目前没什么好做的，那么它接下来就可被分成四类中的一类：丢弃、检查清单、将来 / 也许清单、参考资料。

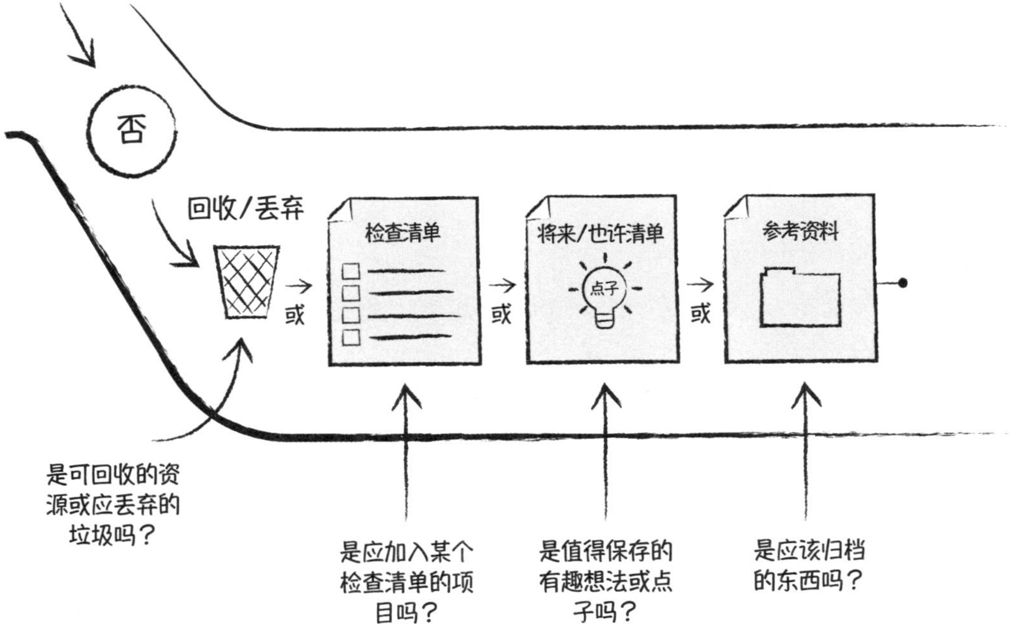


要判断它属于哪一类，必须先正确理解每一类所代表的意义。清楚和明确特别重要，因为如果你只有模糊的概念，那么你在决定每一项不可行动的东西该分到哪一类时，会花费更多的时间和精力。下面我们将详细解释每个类别，让你在判断时更加轻松。

△ 不可行动的第一类——丢弃

**丢弃：**不需要也不想要的东西。

被丢弃的东西不一定是废物。什么是废物？例如，吃完的糖果的包装纸。但是，在这里我们对被丢弃的东西的定义是“不需要”或“不想要”的东西，这一点有时候并不是那么容易判别。

下面的几个问题可以帮助你判断一样东西是不是该丢弃。

- 我真的会再次用到这个东西吗？
- 同样的东西我是不是已经有好几份了？
- 当有需要的时候，我是不是可以在网络上找到它？
- 要是没有这个东西，未来会不会产生任何后果？
- 这个东西是不是有情感或纪念价值？

如果没有明确需要保存的理由，这样的东西很可能要丢弃。

这时你就要大胆按下删除键，或是将其丢进垃圾桶（干垃圾、湿垃圾、有害垃圾、可回收垃圾……），该怎么丢弃就怎么丢弃，同时告诉自己这样东西确实是没有用的，不必恋恋不舍。

旧作业？丢弃。已经看完的杂志？丢弃。广告邮件？丢弃。把这些东西从你的世界中清除，同时也从你的心中清除。

### △ 不可行动的第二类——检查清单

**检查清单**：一份个人专属的清单，用于辅助特定活动的进行，会随着经验累积而越来越完备。

**检查清单**

另外一种可能从思考过程中产生的不可行动的东西，是检查清单。

检查清单也可以是引子清单的一种，其中包含特定情况下需要注意的事项，或是成功做好一件事必须执行的一连串步骤。检查清单在很多情况下都能派上用场，例如打包行李、行前准备、备考前的步骤准备。

你可以为固定的日常事务或重复性工作制作检查清单。这类清单本身不需要你采取行动，但是里面往往包含一系列先前所做的决定和行动，经过证实它们是成功的，但是还没有成为习惯。制作检查清单可以帮助你节省时间，让你以后做起事来更得心应手，因为你不必再花费心思进行重复思考和做决定，所以省时又省力。

军队的战术演习要依靠检查清单，警察执勤要依靠检查清单，医生准备动手术时也要依靠检查清单。

那么，检查清单对你有什么好处？假设学校要举办四天三夜的旅行，你出发前就必须做很多小小的决定，打包行李时得记住该带的一大堆东西，从睡衣、牙刷到充电器，以确保旅途顺利。第一次打包行李时，你可能得花上不少时间考虑需要带什么物品。假如你没有考虑清楚，后果很可能是到了目的地你才发现自己忘了带很重要的东西。如果你根据之前的经验，把要打包的东西做成一张清单，并且把曾经忘记带的东西加进去，对下一次旅行会有极大的帮助。一份打包清单就能让你在未来打包行李时做得更快更好。

你在各式各样的事情上都可以运用检查清单，通过“预先思考”来节省“重复思考”的时间和力气。在“理清”这个步骤中可能产生的检查清单包括。

- 上学前的检查清单。
- 曲棍球装备的检查清单。
- 圣诞礼物的检查清单。
- 暑假结束返校的检查清单。
- 考试复习的检查清单。

如果你想要进行进一步的探索，在本书的第三部分“实验室”中，有不少检查清单的点子可以供你实验测试。

### △ 不可行动的第三类——将来 / 也许清单

**将来 / 也许清单**

**将来 / 也许清单**：以后你可能会想要采取行动，但是现在还不需要你有任何行动的事项。

你有没有一些事情不是必须要做，但是也许会想要找个时间去做做看的？这类事情可以归入将来 / 也许清单这个类别下面。

被归入这一类的事情虽然目前不需要你采取行动，但是如果将来有合适的机会，你会很想试试看。找出这类事情，放进你的将来 / 也许清单里，可以让你在未来的恰当时机收获成果。

将来 / 也许清单中可以有：想看的电影和书、想要去旅行的地方、想要做的事，到人生愿望清单 [ 例如：跳伞、攀登珠穆朗玛峰、造访罗马、打进 NBA（美国职业篮球联赛）、上大学等 ]。举例来说，暑假开始的时候，要是你手上有一份清单，里面列出了你想要和朋友一起看的电影，或是想要带去海边阅读的书，岂不是一件很愉快的事？

把事情放进将来 / 也许清单，对你的大脑来说也是一大解脱。你并没有决定永远不做这些事，而是有意识地告诉自己“不是现在做”。如此一来，一方面，这些构想将能得到酝酿；另一方面，你也不会因为感觉自己在拖延而给自己带来压力和罪恶感。

等到将来你能熟练运用“搞定五步骤”，为自己赢得更多时间、空间和掌控力后，你可能会发现自己能够用过去想象不到的创意方式来推动这些点子。

---

虽然拖延不利于发挥生产力，但却有助于发挥创造力，这是我学到的一个违反天性的教训。

——亚当·格兰特（沃顿商学院教授）

---

△ 不可行动的第四类——参考资料

参考资料

**参考资料**：不需要行动，但是将来可能派上用场的东西。

参考资料是指不需要采取行动，但是之后有可能会用到的东西。

参考资料包括：说明书、收据、保证书、课程大纲、驾照、网站密码等。这些东西可能在特定的时候会用到，如果不妥善保存，你在需要用到它们的时候，就必须付出额外的时间和力气把它们找出来。

当你断定某样东西是需要保存的参考资料时，接下来很自然的疑问是：“我该把它放在哪里？”先别急，在步骤 3“整理”中，我们将介绍一些方便好用的工具来储存参考资料。现在先让我们把焦点放在帮助你的大脑学会判断每一件杂事应该归到哪个类别上。

不可行动事项的地图

检视到目前为止，让我们再看一次转化器的运作图示。每一件杂事经过基础思考加工后，被判定为“不可行动”的事项会被分成四类：丢弃、检查清单、将来 / 也许清单、参考资料。

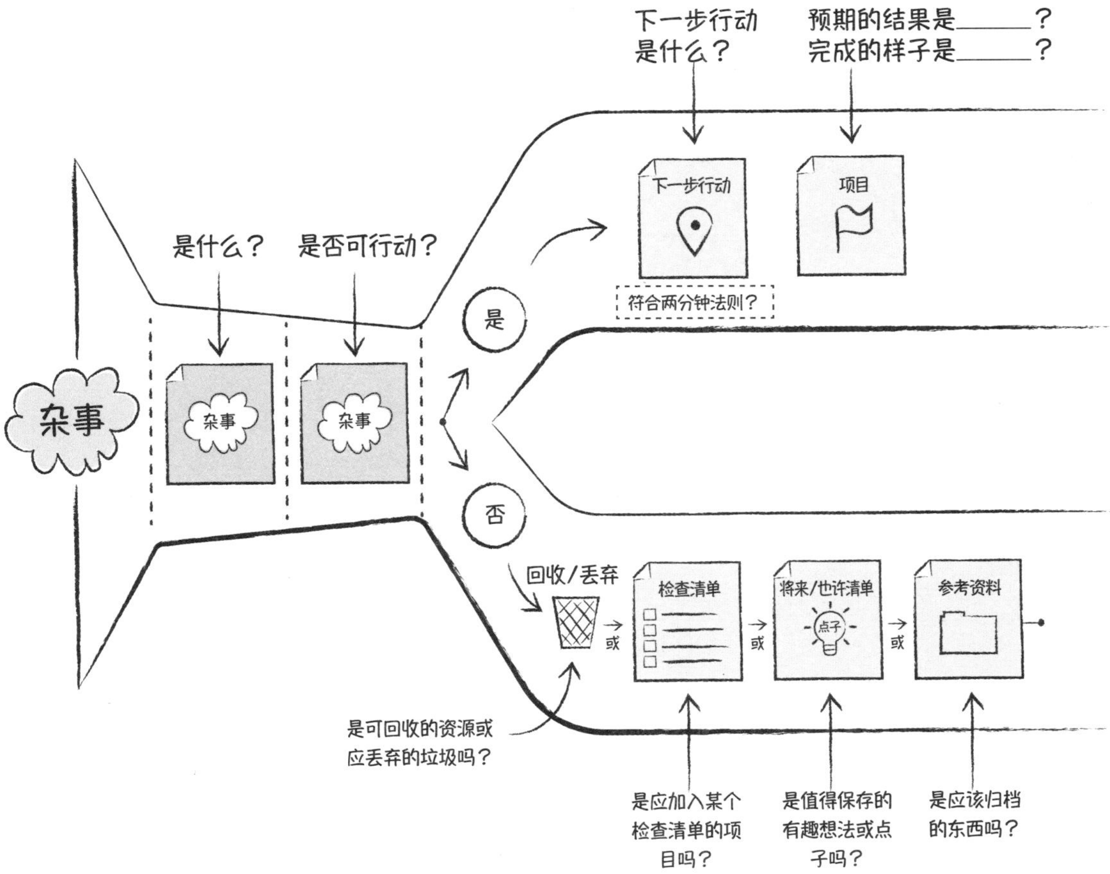

可行动的事项

你已经知道，不可行动的事项只有四种类别，现在让我们来看另一条路径，也就是当“是否可行动？”的答案为“是”时，接着会怎样？如果这件事需要你付出行动，它接下来就涉及两个类别：下一步行动和项目。

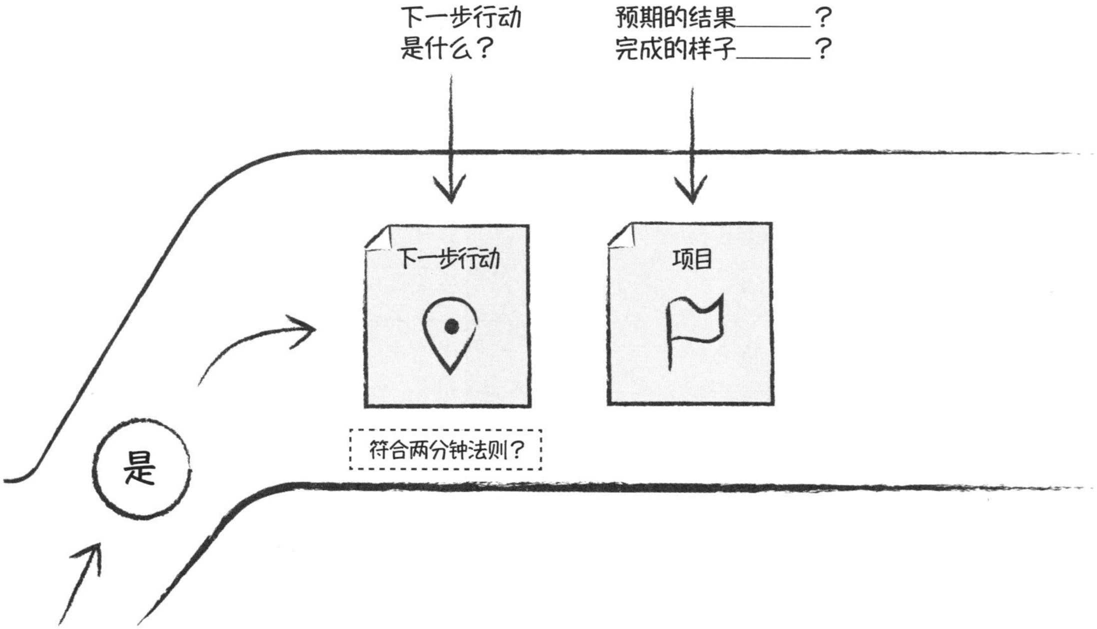


△ 可行动的第一类：下一步行动

下一步行动：为了推动某事迈向完成而做的下一步具体可见的活动，也就是“做”是什么样子的。

下一步行动是指推动事情进展的下一个单一步骤，而且必须是具体可见的动作。“具体”的意思是必须采取特定行动，有实际的动作；“可见”则是指做的时候，别人能看见你在做什么。

这里是下一步行动的一些例子：

- 回答第 12 页的复习题。
- 打电话给娜娜问舞会的事。
- 传信息给李雷，告诉他，比赛场地怎么走。
- 读第四章。

有时候下一步该做什么很明显，你不需要费时间去理清就知道你在接下来的好几个步骤中该做什么。例如家庭作业，你已经有太多写作业的经验，所以下一步该怎么做，你可能连想都不用想。

然而，有时候下一步行动不那么显而易见，就可能导致出现有压力或拖延的情况。你是不是有过事情被“卡住”的感受？你是不是曾经因为事情看起来太困难，或是不知道从何下手而一拖再拖？在这种时刻，你就要依靠下一步行动的魔力来扭转乾坤了。

---

事情很少会因为时间不够而卡住，通常是因为无法决定如何做才卡住。

——戴维 · 艾伦

---

## 下一步行动的魔力

人类的一切成就和创造，都始于单一行动。一个点子的实现，把灵感变成歌曲，把想象力变成画作，把一则好故事拍成电影，把三分球投进篮筐，都是因为有人确定了预期结果的样貌，并采取了通往实现它的下一步行动。

有太多好点子因为从来没有下一步行动而胎死腹中。相反，很多乍看之下不可能的疯狂点子，则因为一步步落实为行动而成真。

在你的生命中有哪些还没有实现的愿望？哪些事情是你想要做但却一直没有做的？你有没有想要发展的爱好？你是不是有疯狂的点子想要尝试？

让愿望成真的能力，始于找出下一步行动，然后动手去做。让我们继续往下看，学习怎样才能做出充满魔力的下一步行动决策。

## 拖延症

你是不是曾经拖着不去做某件事，或是非常不想开始动手？你有没有想过自己为什么会有这种感觉？

没错，有时候事情不好办，需要劳心劳力下苦功。但是你知道吗，拖延最常见的原因，是还没有确定适当的下一步行动。有时候我们以为自己知道该做什么，但还是会继续拖延。

你如果发现自己出现这种情况，可以想想看你是不是真的已经弄清楚下一步行动是什么。大多数时候，你会发现你其实还没搞清楚。下一步行动必须足够清楚、足够简单，让你几乎不用思考也不用花太多力气就能完成它。

对你的大脑来说，“数学”和“做数学第七章的练习 1”这两个任务有极大差异，一个看

起来难如登天，另一个看起来简单得不得了。不过，做家庭作业的第一步应该是把课本从书包里拿出来，一旦完成这一步，要做数学作业就可能变得很简单。一系列这种简单的行动串联在一起，就能完成做家庭作业这个任务。

那么在“理清”这个步骤中，你要怎么确认自己已经找出下一步确切的行动了呢？

下面这些指标有助于你做出判断。

- 你的下一步行动是不是包含了一个简单的动词？
- 是否足够具体，知道在哪里进行？
- 是否足够具体，能说出所需的工具？
- 是不是能够直接开始做，不需要再考虑或做出决定？

要是有个任务让你很难着手，很可能是因为你还没找出下一步行动。先找出下一步行动，完成它，然后再想出下一步。不管做什么事，这都是最自然的流程。行动引发运动，运动产生动能。

---

永远别把“行动”与“动作”混为一谈。

——本杰明 · 富兰克林（美国开国元勋）

---

在思考下一步行动的时候，你的目标应该是创造出动能，而不需要担心能不能做完或能不能成功。只要累积足够的动能，成功自然水到渠成。

请看下表，左边是传统的待办事项清单，右边是下一步行动清单，每一行的左右两边代表对同一项任务的不同思考模式。你注意到两者有什么不同了吗？

| 待办事项清单 | 行动清单 |
|---|---|
| 家庭作业 | 完成第 28 页的复习题 |
| 大学 | 下载乔治城大学的申请表 |
| 妈妈 | 上亚马逊网站订购妈妈的生日礼物 |
| 房间 | 把脏衣服丢进洗衣篮 |
| 拉特雷勒 | 为拉特雷勒买一张“早日康复”卡片 |

仔细比较两边，想一想：哪一份清单上列出的事情比较难做到？哪一张清单比较容易让你产生动能？具体而明确的行动清单应该会更容易让你采取行动。

### 两分钟法则

明确下一步行动后，你接下来要考虑的问题是：能否立刻行动？如果是不需要花很多时间的简单行动，最好马上处理。要画完“未画完的句号”，最快的办法就是立刻完成它。两分钟法则是指如果一个行动可以在两分钟内做完，那就立刻做。当场完成，画上句号，把这件事从脑袋里清出去！

两分钟内可以做完的事就要立刻完成。

可以在两分钟内快速完成的例子有：把作业交给老师、把脏衣服丢进洗衣篮、把需要家长签名的通知单拿给妈妈、回复一条信息等。这些两分钟的行动如果不马上完成，很快就会堆积如山，压得你动弹不得。立刻完成这些两分钟行动，很容易就能快速减少积压事务的数量，为自己争取到一些喘息空间，这是一副快速见效的良药。如果某个行动无法在两分钟内完成，那你就必须追踪它的进展。

## 延后执行

由于大部分的下一步行动没办法在两分钟内完成，所以它们必须被归入下一步但不是现在的类别，我们称为“延后执行”。延到以后的意思是你要做这件事，但没办法立刻做。

前面提到的两分钟法则可以帮助你有效处理日常事务，不过接下来的延后处理流程才是影响最深远的部分。

还记得前面说过“理清”这个步骤足以扭转乾坤吗？现在请系好你的安全带，做好准备，因为剩下的最后几步思考流程很可能会改变你的一生。

---

当你开始搞定事情，就会开始相信自己有能力搞定事情，而这个信念会让你心想事成。

——戴维·艾伦

---

## 做完了吗？

对于那些无法立刻完成的行动，还有最后一个问题要考虑。

你已经回答了第一个问题：为了让这件事有进展，具体可见的下一步行动是什么？（该如何“做”这件事。）最后一个问题是：做了这个行动后就算完成了吗？如果还没，那什么时候才算真正完成？（“完成”的样子。）第一个问题能帮助你决定开始着手的单一行动，而最后一个问题则能帮助你知道什么时候该停止行动。找到这个问题的答案，需要你在脑海里有一幅清晰的图画，勾勒出事情完成时的样子。

理清“下一步行动”和决定“完成的样子”，是一个很强大的思考过程，也是本书最重要的部分。因为这两个问题是通往**掌控**与**视角**的钥匙，接下来让我们更深入地探讨什么是“做完的结果”及如何决定“完成的样子”。

## △ 可行动的第二类——项目

无论做什么事，要想有进展，就不仅要找出应该“做什么”（下一步行动），还要知道“做完了”是什么样子（结果）。我们把这些结果称为“项目”。

**项目**：需要超过一个行动，或是需要分段才能实现的结果。

### 项目 = 成功的结果

**项目**

结果是指，当你在完成一件事时，想要实现的模样；“做完”是指不再需要采取任何行动的状态，也就是成功完成的样子。就像赛跑时冲过终点线，一旦越过终点，对你来说赛跑这件事就做完了。

项目的例子包括：

- 交出写完的读书报告。
- 拿到驾照。
- 完成自然课考试的准备。
- 填完乔治城大学的申请表。

请注意这些例子是如何描述完成的状态的。当项目完成时，它将不再需要采取任何行动。如果你很清楚目的地（结果），而且知道通往目的地的具体下一步（下一步行动），那么你就具备了获得掌控力与视角的必要条件，你就在通往成功的路上整装待发了。你已经准备好了。

### 你自创的项目 vs 指派给你的项目

身为学生，意味着老师会指派作业给你。当老师布置了“项目”作业，你同样可以运用“理清”的思考流程，把作业转化为类似下面的叙述：

——做一次关于环境变迁的演讲。

——完成社会课的社会实践。

还有父母指派给你的项目：

——清理车库。

——收拾房间。

你可能也会自己想出一些项目：

——洗车。

——为小凯办个派对。

——发明一个机器人来清扫我的房间。

不论项目是谁提出来的，你都要负责理清它，并且决定成功完成它是什么样子。

## 转化的过程

一旦把所有需要付诸行动的杂事都转化完毕，你就会发现自己看待这些事情的方式变得与过去不同了。这些杂事全部变成了实现预期结果与采取行动的机会。

运用基础思考加工转化杂事以后，你就能一直做到掌控它们，并能维持或重拾掌控力。听起来是不是美好得不可置信？或许听起来有点儿像“有志者事竟成”这种老话？现在让我们更深入地了解转化的过程，让这套方法不再只是纸上谈兵的理论。

**学会创造条件**

把需要付诸行动的杂事转化为结果和行动，这个概念很简单，但同时也是一门精妙的艺术。我们在本书的开头说过，你无法管控哪些杂事进入自己的生活，但你可以控制自己要如何应对这些杂事。你可以控制把杂事转化为行动和结果的过程，让自己有能力灵活应对，采取行动。

记住：你无法控制老师会布置多少作业，但你可以掌控要怎么去做这些作业。你无法控制教练会选中谁，但你可以掌控自己要为选拔赛做多少准备。你无法控制朋友会对你分享的东西有什么反应，但你可以掌控自己待人接物的态度，可以掌控要如何与他人分享自己的生活。你无法控制期末考试的分数，但你可以掌控自己要怎么准备期末考试。

在定义结果的时候，关键是把关注点放在你能控制的事情上。如果你设定的结果属于操作式掌控的范围，那么能否成功在很大程度上取决于你自己。我们把这个过程称为“创造条件”。尽管你没办法完全控制结果，但你可以创造有利的条件让事情顺利进行。举例来说，你可以创造条件让自己在选拔赛或考试中有自己的最佳表现，或者是创造条件和朋友共度一个欢乐的夜晚。

但是倘若你界定的成功基于外部因素，超出了你的掌控范围，那么你往往会面临失望。基于外部因素的例子有：让别人高兴、得第一名、让别人喜欢你。

当你学会将结果设定在符合操作式掌控的范围，你就等于站在了赢得胜利的起跑线上。

下面有几个具体的例子，有助于你更深入地理解这个转化的过程及操作式掌控，帮助你了解你实际上该怎么做，你看得出两者之间的细微差异吗？

| 掌控范围外 | 掌控范围内 |
| --- | --- |
| 加入校队 | 在选拔赛尽全力表现 |
| 数学拿 90 分以上 | 准备好数学考试 |
| 交到更多朋友 | 开拓新的人际关系 |
| 上乔治城大学 | 交出乔治城大学的入学申请 |

上图左边的结果依赖外部因素（教练、老师、同事或大学甄选入学委员会），右边的结果则不需要依赖任何人，完全靠你自己。右边的结果虽然不能保证你得到左边的结果，却是你能创造出成功实现左边结果的条件。这才是真正的掌控！

**实际演练**

经过“理清”这个步骤，所有杂事会被分成 6 类：下一步行动、项目、检查清单、将来 / 也许清单、参考资料、丢弃。

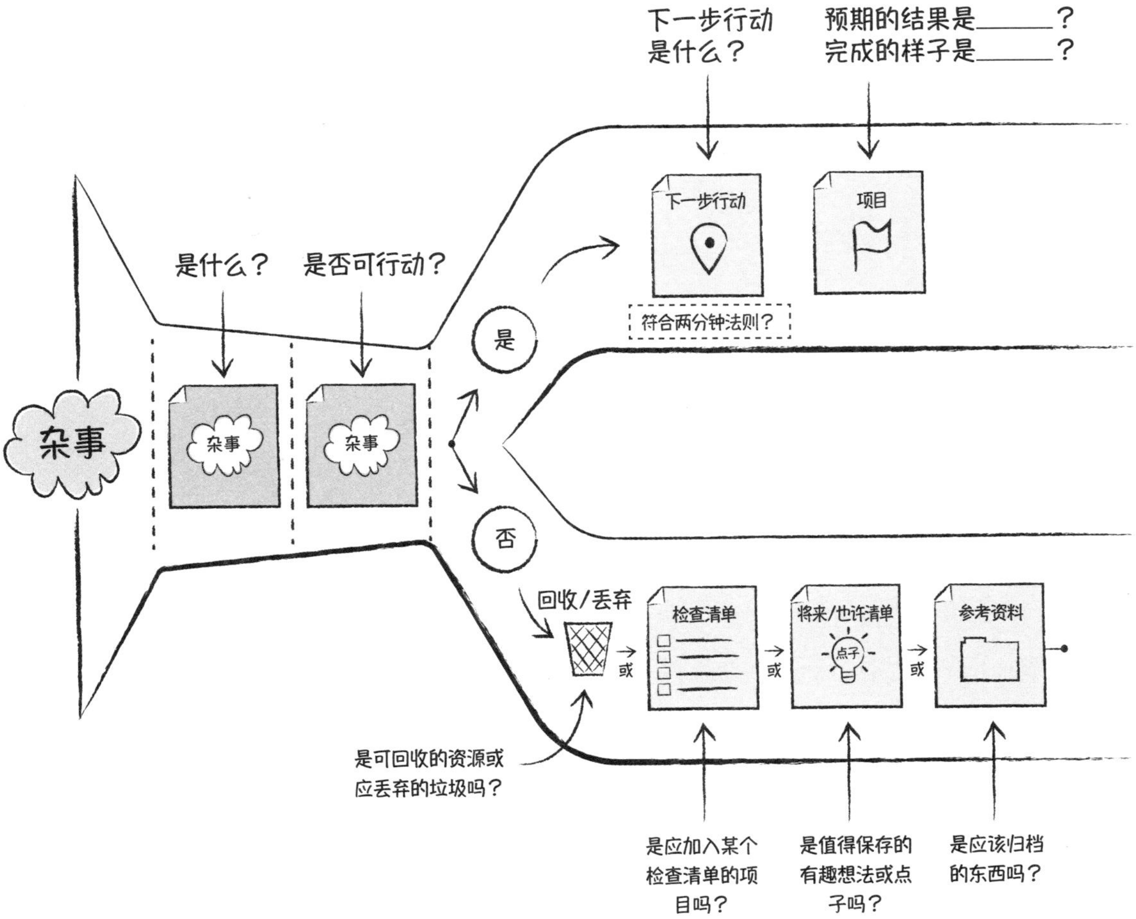

让我们再来看一遍整个基础思考的加工流程，并且试着把转化器用于现实生活中的例子。

| | |
|---|---|
| **杂事：** | 老师发来附有课程大纲的电子邮件 |
| 可行动吗？ | 否 |
| 以后会用到吗？ | 有可能 |
| 新状态： | **参考资料** |

| | |
|---|---|
| **杂事：** | 考驾照 |
| 可行动吗？ | 是 |
| 何时完成？ | 拿到驾照的时候 |
| 接下来该做什么？ | 报名驾校 |
| 新状态： | **项目：**考驾照 |
| | **下一步行动：**上网查驾校的开课日期 |

| | |
|---|---|
| **杂事：** | 过期的滑板杂志 |
| 可行动吗？ | 否 |
| 以后会用到吗？ | 应该不会，我已经看完了 |
| 新状态： | 丢弃 |

| | |
|---|---|
| **杂事：** | 篮球队选拔 |
| 可行动吗？ | 是 |
| 何时完成？ | 选拔结束时 |
| 接下来该做什么？ | 练习 |
| 新状态： | **项目：**准备篮球队选拔 |
| | **下一步行动：**在公园投 50 个三分球 |

| | |
|---|---|
| **杂事：** | 毕业舞会 |
| 可行动吗？ | 是 |
| 何时完成？ | 舞会结束时 |
| 接下来该做什么？ | 找一个舞伴 |
| 新状态： | **项目：**创造条件让舞会留下美好的回忆 |
| | **下一步行动：**发信息给茱莉的朋友，打听一下她是不是已经找到舞伴了 |

| | |
|---|---|
| **杂事：** | 新的《复仇者联盟》系列电影 |
| 可行动吗？ | 不太需要。我想看，但不是非看不可 |
| 新状态： | **将来／也许清单** |

### 理清的频率

**理清**这个步骤需要思考、做决定。我们建议你每一到两天就理清你捕捉进收集篮的杂事。记住：第一次理清所有杂事并消除积压的杂事后，后续应该不会有那么多杂事进入收集篮。

为了维持每一到两天理清杂事的时间表，你必须拨出专门的时间来进行这套基础思考加工。最适合的时段有可能是一大清早开始上课之前，或是放学后，也有可能是晚上；最适合的地点可能是安静的图书馆，或是人来人往的咖啡店。

完成这套加工流程需要你投入宝贵的时间和精力，但也不必花费太多。等到你成为步骤 2 的专家，理清的程序几乎就会变成本能反应，不再需要花费那么多时间。

对初学者的一些小贴士。

- 你最清醒、最适合思考的时间是什么时候？上午还是下午？
- 你在一周当中有没有哪一段现成的空档，可以用来完成这套流程？像是早自习、晚自修、某个没有安排活动的晚上？

经过你的思考与判断，现在杂事已经被转化，不再是杂事了。接下来我们要学习如何保存这些极有价值的决定，不要让它们再跑回收集篮，以免浪费你宝贵的脑力。

接下来将进入步骤 3：整理。

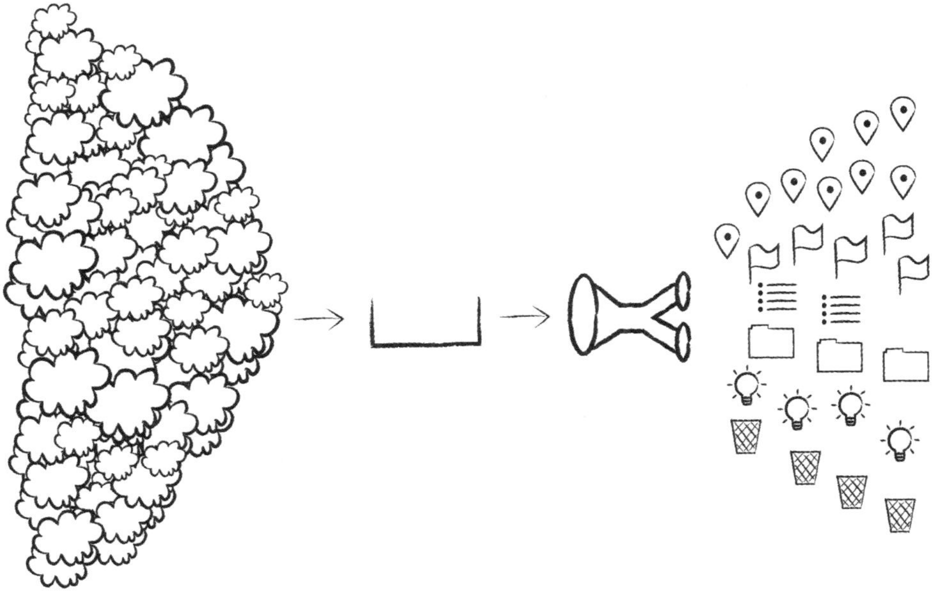

△ 小结

每一件被捕捉到的杂事都需要你做出决定，转化为更有用的形式。我们用转化器的图示来展现基础思考加工流程，从第一个问题“是什么？”开始，然后根据“是否可行动？”把所有杂事分成两类。

可行动的事项必须有下一步行动和预期结果。不可行动的事项必须再被细分为四类：丢弃、检查清单、将来 / 也许清单、参考资料，以便归档备用。

**理清**是搞定五步骤中影响最深远的一个步骤。

## 关键词

- 丢弃
- 下一步行动
- 参考资料
- 结果
- 将来／也许清单
- 日历

## 想一想，或是找人讨论这些问题

- 理清这个步骤为什么会如此受重视？
- 很少有人愿意在这个步骤花时间和力气去进行必要的思考，你认为原因是什么？
- 如果跳过理清这个步骤，可能有什么好处？可能有什么不好的后果？
- 找一件出现在你生活中的杂事，问自己："这是什么？"然后跟着转化器的图示思考。你能得出清晰的答案吗？

## □ 整理：建立快速存取系统

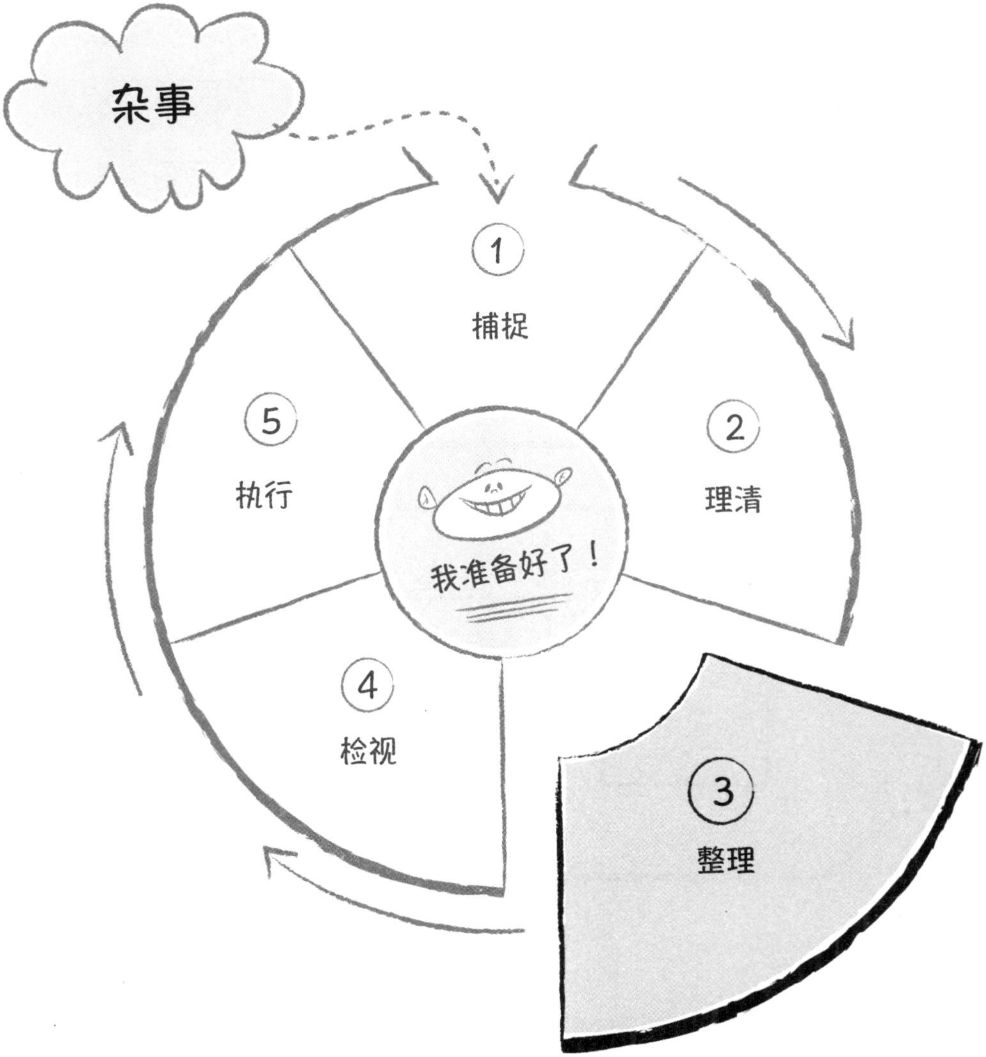

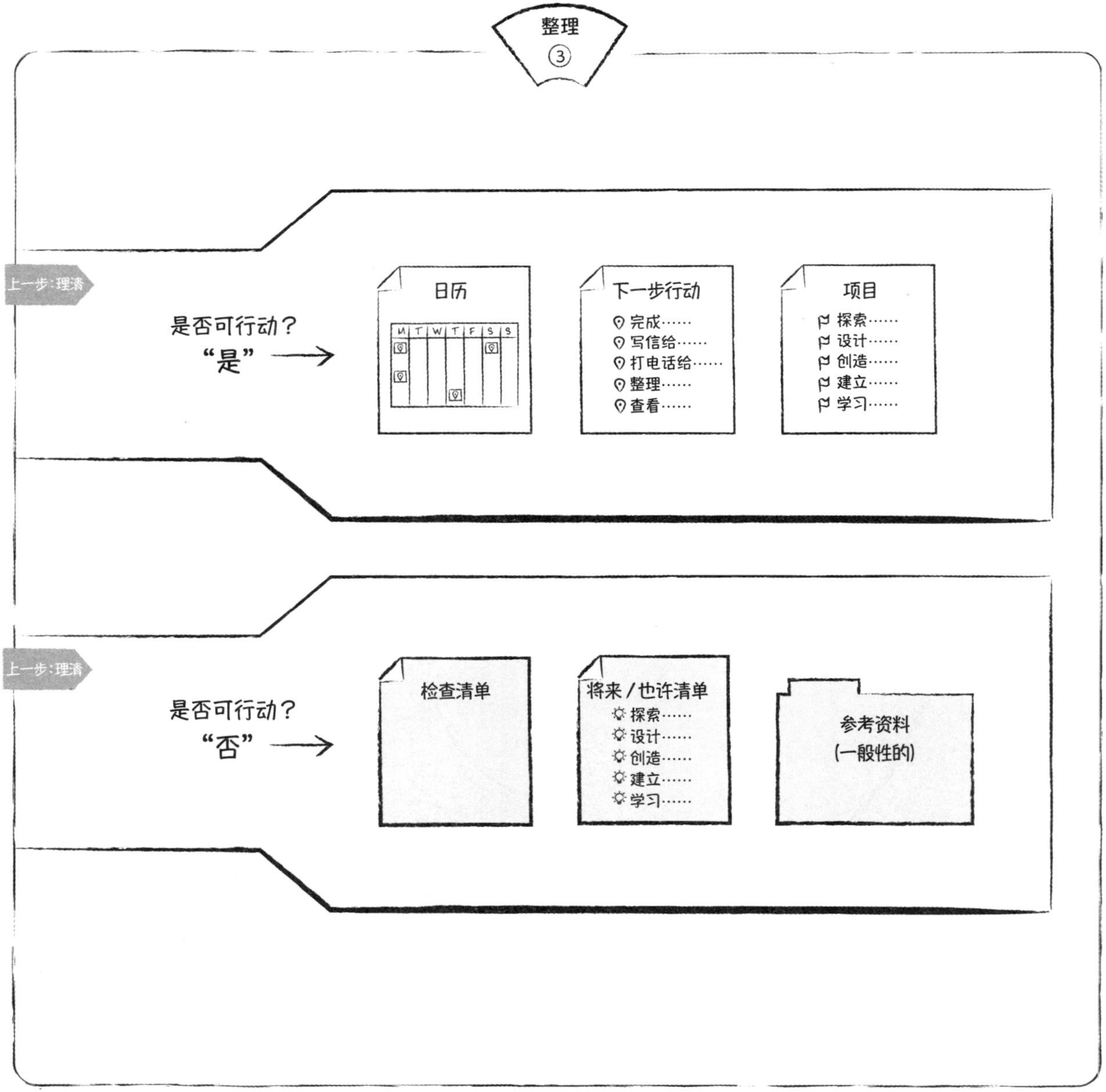
整理
③
上一步：理清
是否可行动？
“是”
日历
M T W T F S S
下一步行动
完成……
写信给……
打电话给……
整理……
查看……
项目
探索……
设计……
创造……
建立……
学习……
上一步：理清
是否可行动？
“否”
检查清单
将来/也许清单
探索……
设计……
创造……
建立……
学习……
参考资料
（一般性的）

### △ 我要如何追踪保存“理清”的结果？

在步骤 2，你完成了“理清”的基础思考加工，把杂事转化为 6 种新形式之一，现在所有事情都分别成为“可行动”和“不可行动”的两类。换句话说，杂事不再毫无章法、乱七八糟。

为了保存你思考的结果，让已经完成“捕捉”和“理清”的工作发挥最大效益，现在你必须按下“保存”键，保存这些成果。步骤 3 就是要教你怎么把每件事安放在以后可以轻松取用的地方，让你能够在需要时使用。这个步骤就叫作**整理**。

在搞定五步骤中，整理不是指把东西弄得一尘不染、完美无瑕。

我们所说的“整理”，是把东西放在符合其意义的位置。这些位置都是直观的，之后你只需要花费很少的脑力和体力，就可以快速找到这些位置。整理是为了让你能够顺利前进，把阻力减到最小。

**整理**：以实体、可见或数字化的方式，将属性相近的东西存放到各自的类别与位置中。

### 整理的工具

当人们没有预先决定应该把东西放在哪里的时候，最常见的反应似乎是“哪里有空就放在哪里”。这种行为可以解释为什么我们的书包、储物柜、书桌、工作台、长椅和其他地方总是堆着信件、笔记和杂志。就算是摆得整整齐齐，这种存放方式也不能称为“整理完善”——至少不符合本书中的定义。一堆井然有序的杂事依然是杂事，还是需要你先搜寻，然后重新开始理清。

所以，在你准备好进行整理先前步骤 2 所做出的决定之前，必须先设定几样用于整理的工具，有了这几样工具，你才能进入准备好整理的状态。为了追踪可行动和不可行动的事项，你需要有几个简单的清单和文件夹。可行动的事项需要三种清单，不可行动的事项则需要两种清单和一些文件夹。

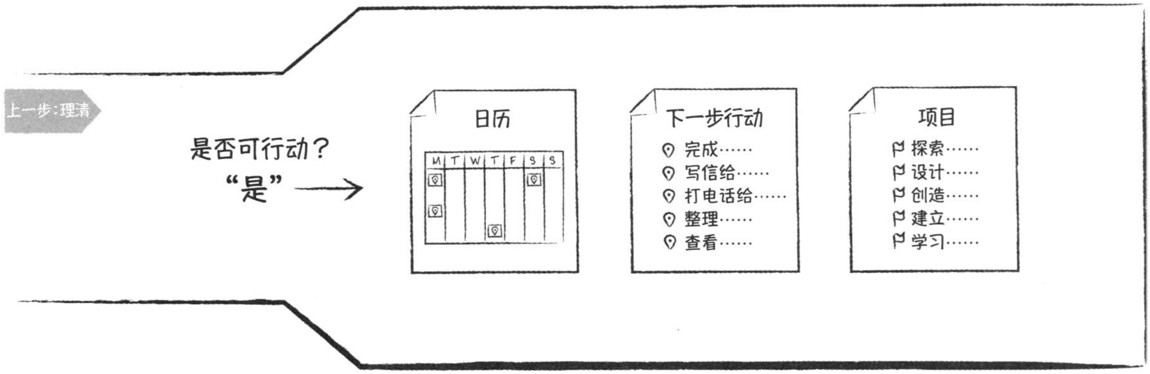


三种行动清单

我们先针对可行动事项，制作你会用上的三种清单。有时候我们会把这些清单称为“地图”，因为它们就像陪在你身旁的向导，指引你持续追踪自己认为重要的事情（**清单**是外形，**地图**则是功能）。这些地图的用途是保存之前步骤 2 所做的可行动事项的决定。学会制作并且运用这些地图，可以帮助你对事情有更好的掌控力、更有条理，创造出额外的时间、空间和精力去做其他事。在“理清”步骤中经过转化的大部分杂事，都要靠这些地图来追踪完成。

这三种地图列举如下。

- 日历
- 下一步行动清单
- 项目清单

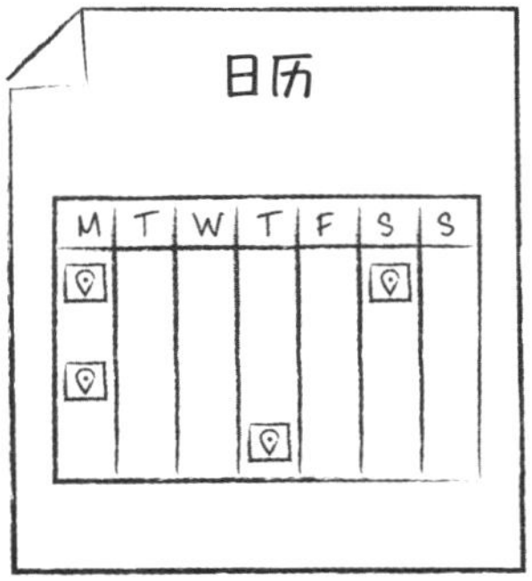

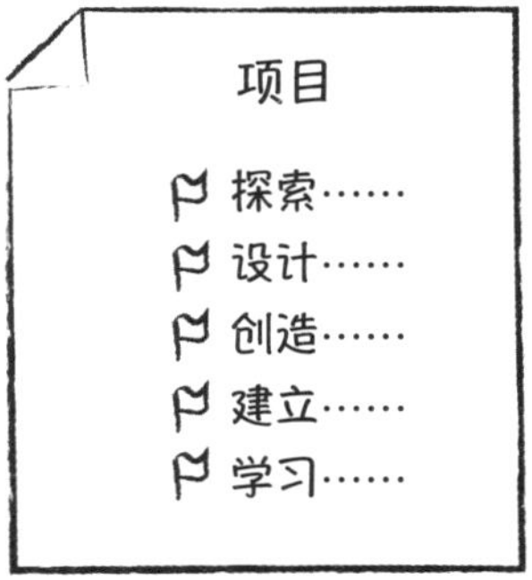


开始制作地图时，你可以准备三张横线纸，或者是做一份简单的电子文件。有些人可能觉得手机里预装的管理提示或任务软件就很好用了。你可以自己试试看，找出自己觉得最简单好用的那种。

让我们更深入地了解这些地图，看看具体将什么内容填在对应的地图上。

## 日历

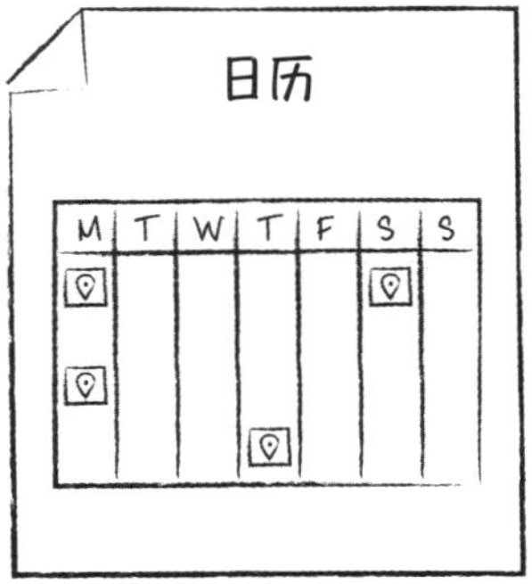


日历应该是大部分人最熟悉的一种地图类型。这是你每天第一个要查看的地方，看看你承诺了哪些行动。

日历要做到版面简洁，标示出月份和星期。你可以在这张地图上描绘出你生活中的“硬性安排”，上面可以显示你该在什么时间去哪里，你在特定时间该做什么，以及特定的日子会发生什么事。

日历上面只有三种东西。

1. 特定时间的行动（足球比赛、音乐会、电影开演、看牙医等）。
2. 特定日期的行动（交作业、音乐会售票等）。
3. 特定日子的参考信息（生日、节假日等）。

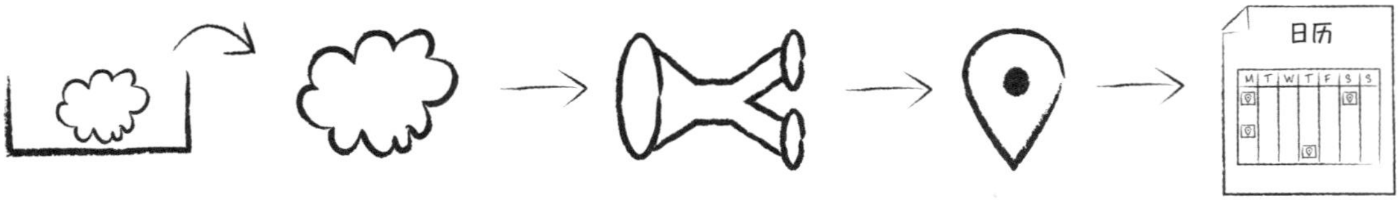


下一步行动

**下一步行动清单**完整列出了不必在特定时间进行的行动，这份清单上全都是单一的下一步行动，用来推动你判定为需要关注的事情。

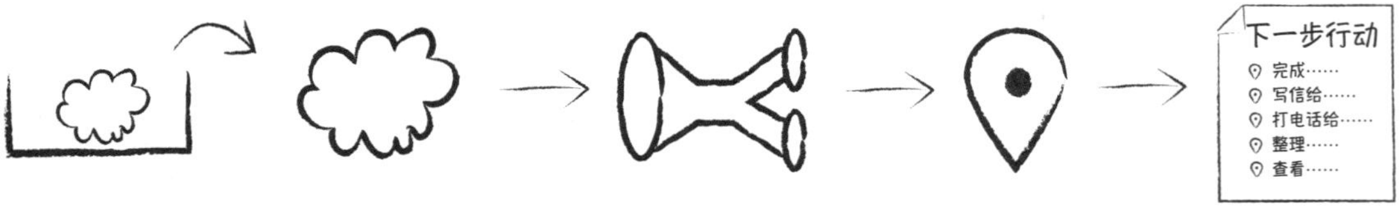


下一步行动清单是帮助你让事情维持在正轨上前进的最有效的工具。这份清单上汇集了所有的下一步行动，写明了行动具体是“怎样做”的，所以请尽量做到简洁明了。

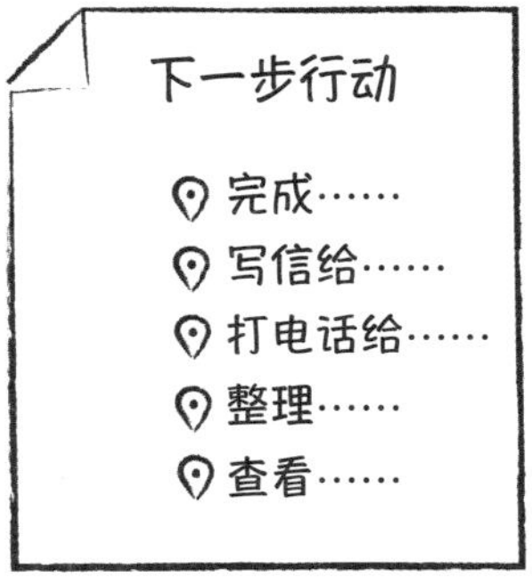


“行动”的例子包括：要外出处理的事、要完成的作业、要发的短信、要报名参加的活动等。执行这份清单上的行动时，可能需要一些努力或自我约束，但不需要多个步骤，也不需要做额外的思考与决定。如果需要多个步骤或是额外的思考，那么你应该回到前一个步骤“理清”，以决定出最佳的下一步单一行动。

这份清单很可能是你所有**地图**中最长的一份清单，包含大量的行动，这些行动汇聚起来可以创造出真正的动能。这也是一份变化最快的清单，可能每天都会有不少变化，随着你的执行情况而变长或变短。

要怎么判断经过理清的行动该放进日历还是放进下一步行动清单呢？很简单，看这个行动是不是有特定的时间或日期。

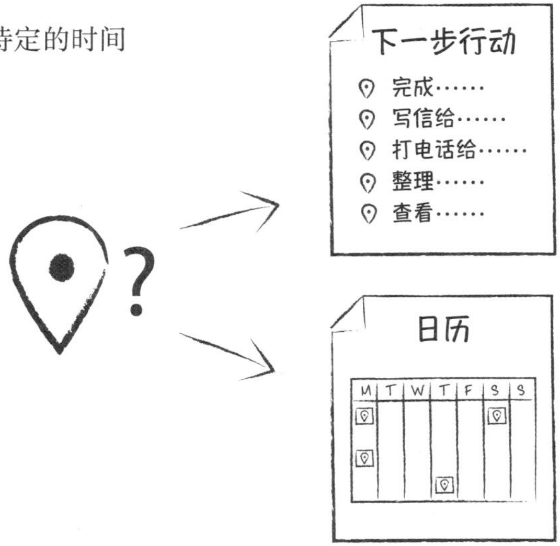

例子

- 你星期六要参加一个每人贡献一道菜的餐会。在你的日历上记录：星期六傍晚 6 点，学校百家宴。
- 你必须去买参加百家宴要贡献的食物。在下一步行动清单上记录：和妈妈一起去买百家宴的甜点。
- 过几个星期有一场足球比赛。在日历上记录：7 月 8 日上午 9 点，足球赛，6 号场地。
- 你需要家长签一份学校通知单。在下一步行动清单上写：找爸爸签春游单。
- 你参加的乐团指挥告诉了你音乐会演出的集合时间。在日历上记录：音乐会，下午 6 点 45 分集合，7 点开演。
- 爸妈叫你做家务。记录在下一步行动清单：扫院子里的狗粪。
- 你最爱的乐团要在某日某时开卖演唱会门票，你打算抢个好位置。在日历上提醒自己：买 _____（填写最喜爱的乐队名称）的票。
- 和朋友约好某个时间在某家电影院碰头看电影？日历。
- 晚餐聚会？日历。
- 校外培训？日历。

项目

项目清单里没有任何下一步的行动或该放在日历中的内容。这份清单储存的是你决定做的所有项目，即需要一个以上的行动步骤

或需要分段完成的事。项目清单可以帮助你追踪项目的预期结果，也就是事情完成后的样子。项目的例子有：比较大型的学校作业、值得探索的创意点子、想要追求的机会。你可以用项目清单来确认项目的进展。你还要确保每个项目至少有一个“下一步行动”。这份清单不像下一步行动清单那样会时常变动，你看它的频率会低一点儿。

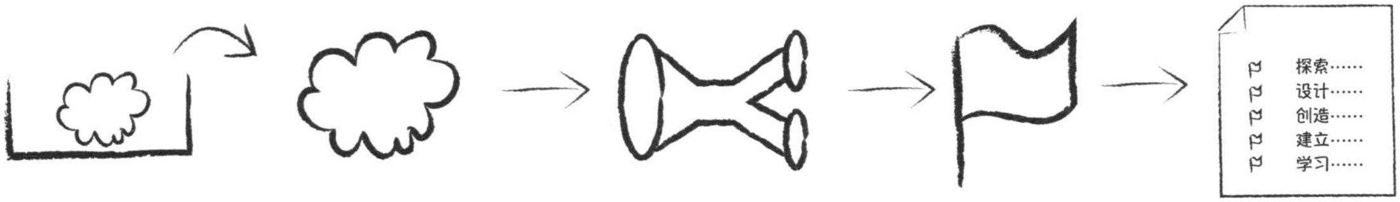


## 整理不可行动的事项

接着要整理的，是在步骤 2 得出的“不可行动”事项。对于这些事项，需要准备的工具是两种清单和一些文件夹。

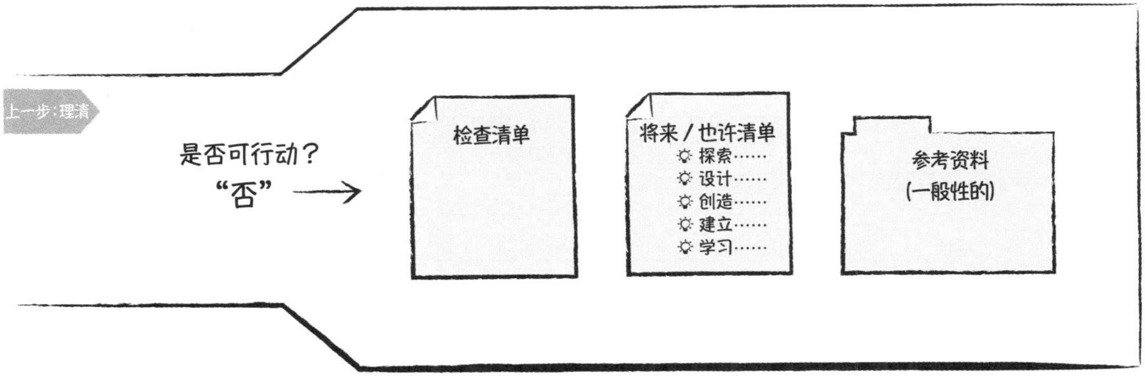

## 将来 / 也许清单

将来 / 也许清单包含的事项，是在适当时机你或许想要做的事。

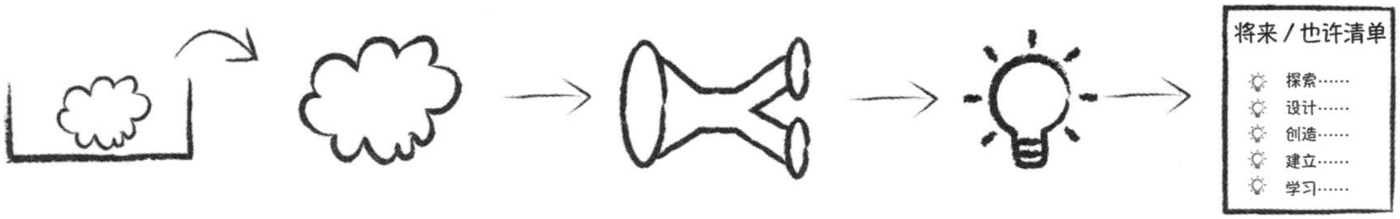


一般而言，将来 / 也许清单的原则是根据主题来区分想看的电影、想去旅游的地方、想认识的朋友、想看的书、想浏览的网站等。当你要寻找激发创意的灵感时，或是有些空闲时间想找事情做时，你就可以参考这份地图。

尽管将来 / 也许清单很有价值，但你不必为了维持掌控力与成功而经常查看它，就算放着这份清单上的事情不做也没有关系。将来 / 也许清单的意义，就是在你准备好并渴望实现这些事情的时候能够将其拿出来使用。随着你的掌控程度越来越高，你会多出更多的时间和空间，这份清单就能为你带来越来越多的机会。

## 检查清单

你决定了要做的却没有成为习惯的例行事务或流程，就应该将其写入检查清单。

和其他清单的不同之处在于，检查清单是依据内容来编排整理的。

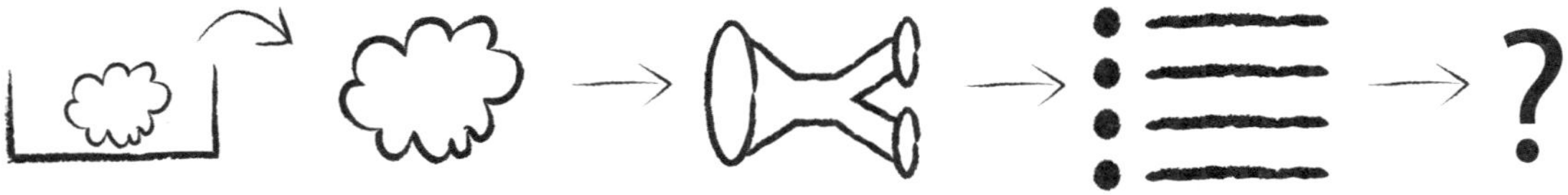

检查清单最大的用处，是在你需要的时候，可以马上查看它。例如，你参加了足球队，希望每次去练习时都能确保所有装备齐全，那么检查清单就是一大神器。只要快速扫一眼它，你就能确定自己有没有忘记任何东西，准备好全身心投入练习。至于该把这张检查清单放在哪里，基本的建议就是放在你出发去做练习前最可能看见的地方，或许是做成一张标签绑在放运动装备的包上，或许是挂在门口附近。

基本原则是把检查清单放在你会用到的地方。请看以下几个例子，想想看你应该把这些检查清单放在哪里，才能在你需要用到的时候最方便查看。

| 检查清单 | 位置 |
| --- | --- |
| 行李打包检查清单 | ________________ |
| 上学前的检查清单 | ________________ |
| 健身运动检查清单 | ________________ |

参考资料

你判定为不可行动但需要保存的项目，就是参考资料。

在我们的生活中时常出现参考资料，而且我们很容易将其辨识出来（“我会需要这个东西！”），很多人会贪图方便而把参考资料丢回收集篮或是收集区域，想要在用的时候再来找（例如把电子邮件统统留在电子信箱的收件箱内）。如果你没有选定一个专门的“容器”来装这些东西，那么像收件箱这种地方确实是最方便且安全的存放点。但问题是，这可能会导致你的收件箱爆满，存了数百封甚至数千封邮件，或是活页夹、包包里装的文件多到满出来。没错，这种做法虽然不会漏失参考资料，但你也没办法快速轻松地取得你需要的数据，事实上还可能导致你需要花更多心力和时间去管理它，完全和“整理”步骤的目标背道而驰。

如果你把东西留在收件箱内，比方说电子邮件，那么每一次你开启信箱快速浏览时，就必须重新做一次决定。你的大脑必须重新计算并判定：“好……这是那个东西的资料，那是这个东西的资料。”就算这个过程不需要花多少时间，但这些你已经做过决定的数百封甚至数千封邮件，会持续占据你的部分注意力，对于宝贵的认知能力来说是不必要的浪费。

更有效率的做法，是预先做出一些决定，想好该把这些实体和数字参考资料放在哪里，然后建立几个参考文件夹来存放。一旦建好这些文件夹，你就可以在“理清”过程中，发现参考资料时立刻将它放到适当的位置。这样一来，需要用到这些数据时，你的大脑就会知道该去哪里找。这是最好的整理方式：花最少的力气轻松归档、轻松读取。看到整理得井井有条的资料，你的大脑就会快乐得不得了。

文件夹

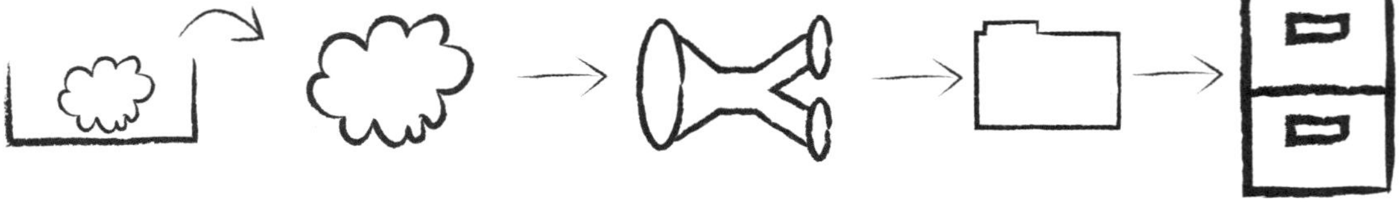

要存放实体和纸质的参考资料，大部分人只需要一个抽屉或箱子即可。至于数字档案的整理，有些服务可以用来储存各种类型的内容，例如云盘、苹果的 iCloud（苹果公司提供的云端服务）、多宝箱（Dropbox）在线储存和其他许多服务。

一旦决定好要存放参考资料的位置，你就可以开始轻松地把资料放入文件夹并进行分类。

要进入准备好进行整理的状态，如何整理参考资料其实并不重要，只要能够快速有效地归档和读取就好。整齐划一的系统不是必要条件，如果你有自己更喜欢的整理方式，那就照你自己的方式做。只要确定读取档案的过程轻松顺畅就好。

**准备好进行整理的状态**

设定好用于整理从理清步骤得出的可行动和不可行动事项的工具后，基础思考加工流程就能自然而然往前流动，不需要太多思考即可一气呵成。整个程序可以简化为“如果……，那就……”的公式。

如果 ______〔类别〕，那就整理放在 ______〔位置〕。

例子：如果收到的电子邮件是参考资料，那就按照字母顺序整理放进云盘。

你不是非得经过复杂又费力的程序，才能达到这种程度的准备好进行整理的状态。其实你只需要准备几张清单和几个文件夹，更重要的是，决定什么东西该放在哪里。在创造这套用来管理你的世界的系统时，你只要能够让你取得掌控力就好，不要超出必要程度，弄得太复杂或太困难。

所以，让我们停下脚步检视一下：你现在是否处于准备好进行捕捉的状态？是否准备好进行整理了？你可能还需要在自己的系统中加入哪些工具，以便准备好进行捕捉和整理？

## 工作站

另一个能帮助你准备好整理的工具是工作站。你可以在工作站取得所有需要的工具，有效地从步骤 1 到步骤 3。

飞行员的工作站是驾驶座舱，职业运动员的工作站是训练室或练习场，办公室职员的工作站是个人专属的工作隔间。那你呢？有没有一个地方可以让你在需要时毫无阻碍取得所需的东西，并且激发你做出最佳成绩？拥有一个工作站，是通往掌控和创造的一大助力。

工作站可能有许多形式：卧室的一张书桌、厨房的一个角落，甚至是装在背包里带着走的移动工作站，不论在哪里都能进行作业。重点是能够让你快速、不费力地进入最佳状态。工作站这个空间的装备与配置，不论是看起来还是感觉起来，都要能让你发挥全力，里面应具备所有必要的工具，让你准备好进行捕捉和整理。

在建立或改善现有的工作站时，想想看你还需要哪些东西，做起事来才能得心应手（例如收集篮、充电线、纸、笔、移动设备、U 盘、档案、书等）。花点儿时间用心设置这个空间，它能成为你开始整理的巨大动力。

**就位……预备……地图看了没?**

到目前为止，我们学到了如何利用收集篮和捕捉工具去网罗与捕捉形形色色的杂事，以取得掌控力，同时让心平静下来。

我们也介绍了如何理清每一项杂事，通过基础思考加工做出决定，并且用转化器的图示代表这个流程，把所有杂事转化为更容易处理的 6 种类型：下一步行动、项目、检查清单、将来 / 也许清单、参考资料、丢弃。

我们还说明了如何利用地图来保存这些决定，引导你前进，或者是把参考资料存进一个可以快速存取的系统。

做完上面这些事情之后，你可以说是胜券在握。现在你可以积极前进，让事情成真。在往前冲刺的过程中，为了维持自信与自在的感觉，你必须知道前进的正确方向，而不是漫无目的地奔跑。别忘了，路上还有陷阱等着你。

还有，你仍然必须确保将注意力放在正确的事情上，这才是真正的掌控。为了达成这个目标，你必须暂停一下，查看地图。

这时放慢脚步，是为了之后跑得更快。恭喜你将进入步骤 4：检视。

△ 小结

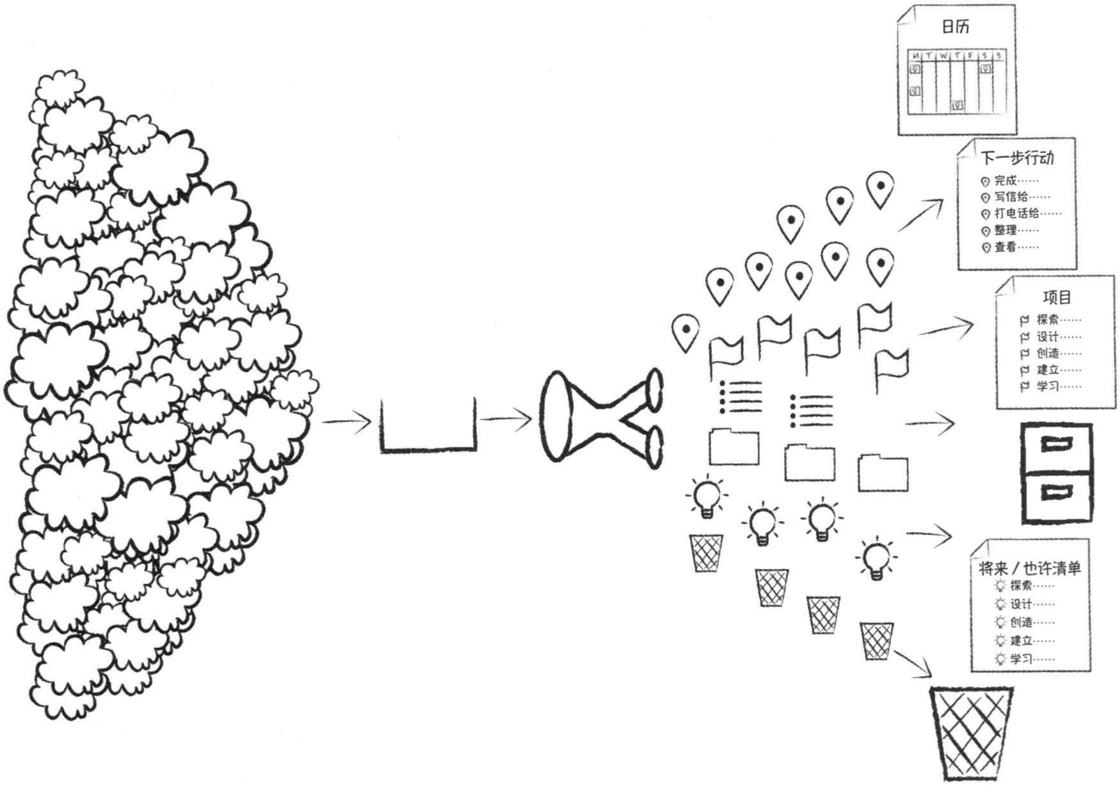

在理清步骤中做出决定之后，千万不要浪费时间去重新做决定。保存好这些决定，能让你花最少的力气取得最大的成效。这些地图就是用来保存决策成果，让你沿着正确的路径前进的。日历是用来记录特定日期和特定时间的行动的；下一步行动清单是用来保存所有未完成的下一步具体行动的；项目清单则是用来追踪未完成的大型结果的。将来 / 也许清单是创意仓库，当你达到掌控时可以探索这些点子；检查清单能协助你建立新的习惯；参考资料则需要归档，方便以后存取。

**关键词**

- 整理
- 日历
- 参考文件夹
- 整理的工具
- 项目列表
- 检查清单
- 下一步行动清单
- 将来 / 也许清单
- 准备好整理

**想一想，或是找人讨论这些问题**

- 你认为“很整齐”和“整理好”有什么不同？试着说说看。
- 整理过程中会用到好几种不同的地图，你能说出每一种地图的功能和形式吗？你有已经在使用的地图吗？
- 为了达到准备好进行整理的状态，你还需要哪些工具？
- 你有自己的工作站吗？如果没有，有没有哪个地方可以作为你的工作站？如果有，如何让你的工作站更有效率？

□ 检视：回顾并更新

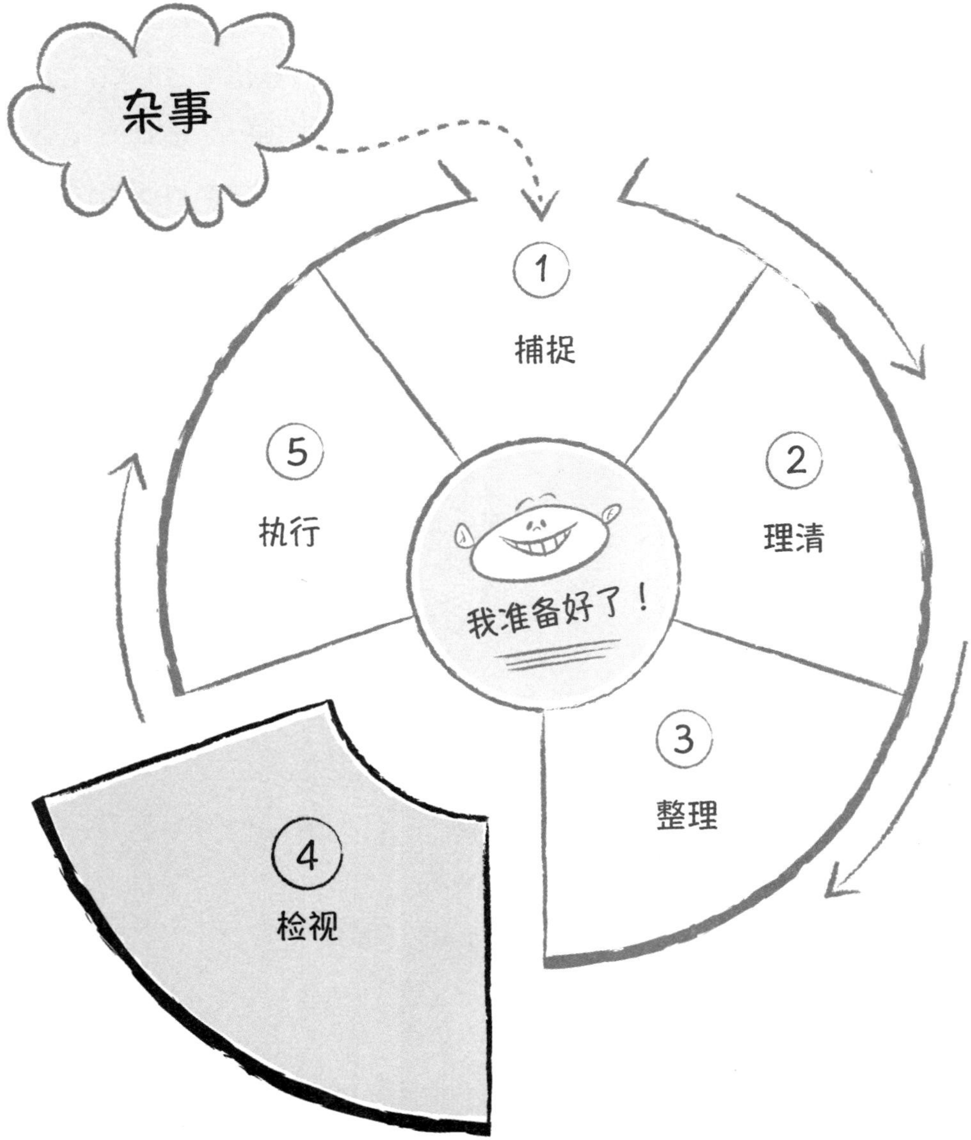

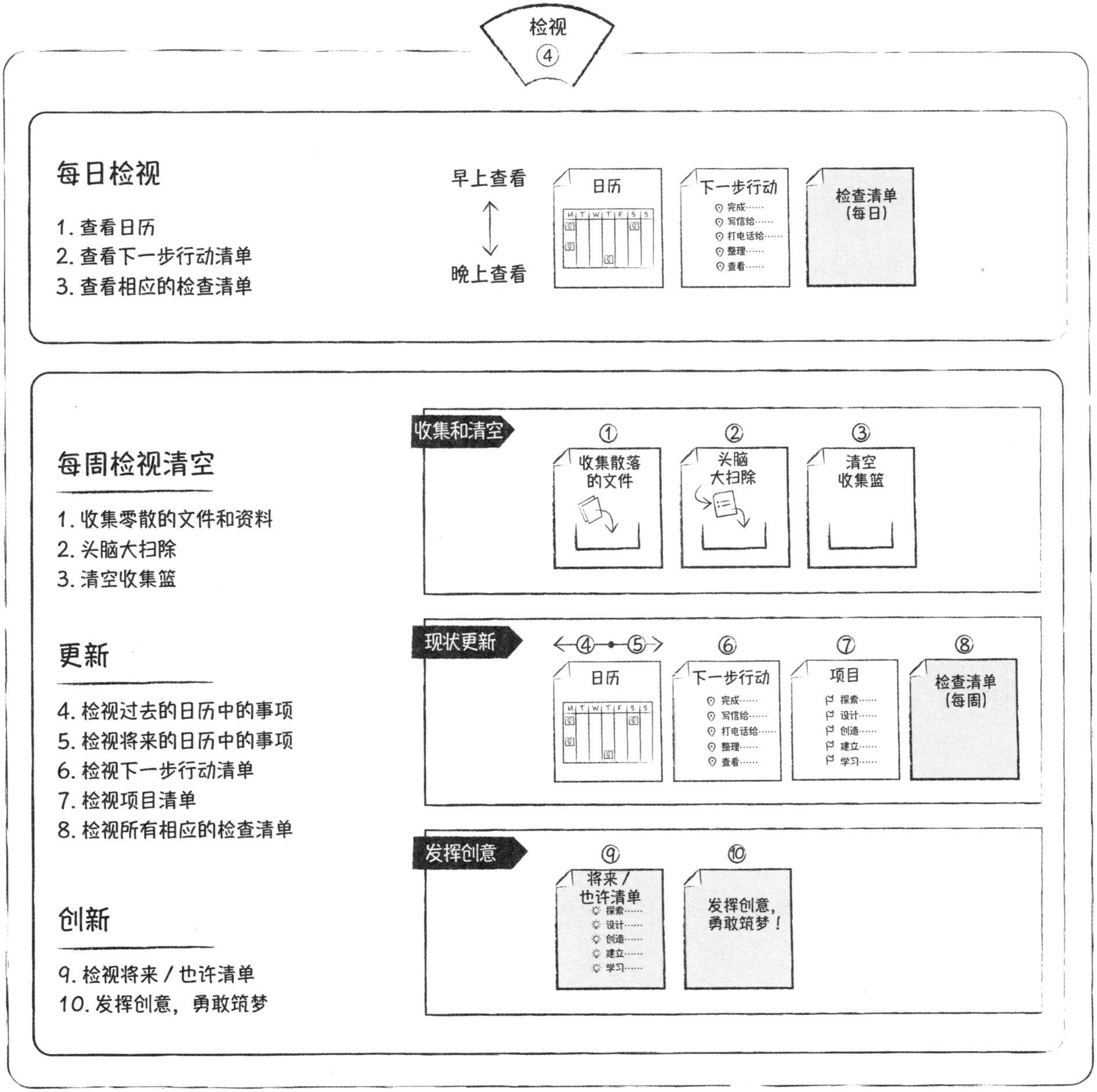
检视
④
每日检视
1. 查看日历
2. 查看下一步行动清单
3. 查看相应的检查清单
早上查看
晚上查看
日历
下一步行动
完成……
写信给……
打电话给……
整理……
查看……
检查清单
(每日)
每周检视清空
1. 收集零散的文件和资料
2. 头脑大扫除
3. 清空收集篮
更新
4. 检视过去的日历中的事项
5. 检视将来的日历中的事项
6. 检视下一步行动清单
7. 检视项目清单
8. 检视所有相应的检查清单
创新
9. 检视将来/也许清单
10. 发挥创意，勇敢筑梦
收集和清空
①
收集散落的文件
②
头脑大扫除
③
清空收集篮
现状更新
④ ⑤
日历
⑥
下一步行动
完成……
写信给……
打电话给……
整理……
查看……
⑦
项目
探索……
设计……
创造……
建立……
学习……
⑧
检查清单
(每周)
发挥创意
⑨
将来/也许清单
探索……
设计……
创造……
建立……
学习……
⑩
发挥创意，勇敢筑梦！

### △ 要检视什么？什么时候检视？

“检视”这个步骤就像人生的暂停键，你要停下来检视目前实际的状况及未来的规划，然后更新你所做出的选择。

“捕捉”“理清”“整理”这三个步骤的本质是把信息写进你的系统里，在这几个步骤中，你是自己人生故事的作者。到了“检视”的步骤，你必须往后站一步，成为故事的编辑。这两种角色的结合，可以帮助你修改润饰你正在创造的故事，让你的人生故事更为尽善尽美。

**检视：**回顾并更新地图内容，让地图内容与你的现状相符，才能做出最佳选择。

步骤 1 到步骤 3 是在教你如何站稳及重拾掌控力，步骤 4 则是帮助你维持掌控力。在这个步骤中，我们会用比较高层的视角来强化你已经取得的掌控力。换句话说，这个步骤把“你正在做的事”，以及“背后的原因”结合在一起。每一周，坚持不懈地检视，可以帮助你清空大脑，让你的管理系统符合现状，为你的创意注入动力，增进你追梦的勇气。

### 3D 眼镜

现在，你已经投入了时间、注意力和精力去做决定，并且把这些决定制成地图。这些地图将指引你实现目标，获得掌控力，把事情搞定。

但是你应该多久查看一次地图？应该查看哪几份地图？应该什么时候查看？

在现实生活中，3D 眼镜能让你在看电影时，感觉到画面具有立体感和不同的深度。在“检视”这个步骤，你可以想象你戴上了一副特别的 3D 眼镜，你制作的地图就是眼镜的镜片，3D 则代表三种不同深度的检视（3 depths=3D）。

3D 眼镜

每一层的检视，都可以帮助你看到在什么时间该做什么事。

1. 每日检视（我该做什么？）。
2. 每周检视（事情都清理了吗？是否符合现状？有没有发挥创意？）。
3. 专注高度检视（我要去哪里？为什么？）。

步骤 4 的重点在前面两层——每日检视和每周检视。第三层的“专注高度”将在本书的下一部分探讨。

---

我知道我要去哪里，我知道真相，我不需要成为你期待的样子。我有成为我自己的自由。

——穆罕默德·阿里（拳王）

---

**每日检视**

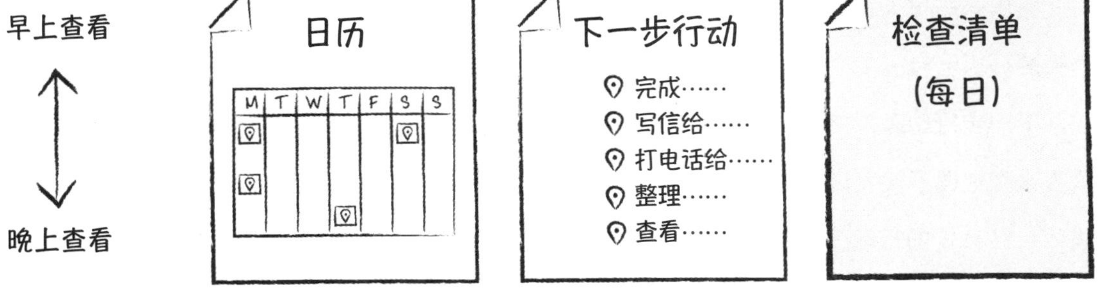

每日检视是 3D 检视的第一层，目标是让你清楚地知道你今天该做什么。

进行每日检视时，需要用到记载你的所有行动的两张清单：日历和下一步行动清单。每天至少应该查看两次：早上起床后看一遍，晚上睡觉前看一遍。另外，如果有应该查看的检查清单［例如："出门上学前的检查清单""我的（运动装备）检查清单""我的（活动）检查清单"］，最好也一并检视。

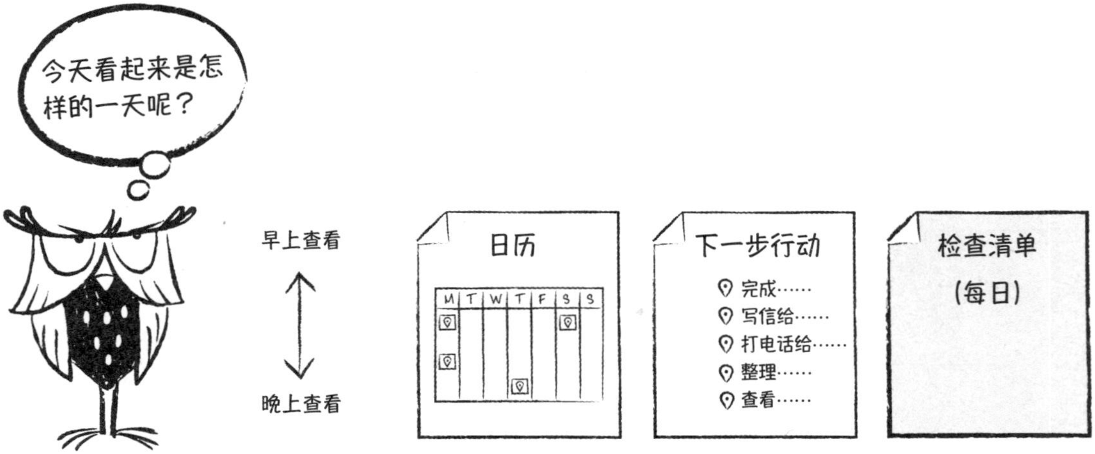


**日历**——每天第一件事就是查看这张地图，提醒自己应该在什么时间去什么地方。如果当天的日历上有很多项，你可能需要在这天多查看几次日历。

**下一步行动清单**——每天早上查看这张地图，可以帮助你决定今天要做什么或不做什么。检视这张地图不代表你一定要做上面写下来的行动——事实恰好相反。当你扫视过这张地图，确认自己负责的行动没有出问题以后，你的大脑就不会再牵挂它们了，这样你才可以放轻松地去做自己热衷的事，不会有负罪感。使用地图还有一个隐藏的好处，就是你可以决定不要执行上面的任何事，也不会因此感到担忧或有压力。为什么呢？因为你随时可以回来查看地图，可以马上知道有什么事需要做。这就是自由。

**检查清单**——在适当的时间和地点查看检查清单，会对你有很大的帮助。每一张检查清单都有各自不同目的，所以什么时候查看、多久查看一次，要视检查清单的内容而定。比方说，你可能有一张清单是帮助你用于上学前的检查；还有一张清单挂在储物柜里，上面列着放学回家前需要检查的事项。

每次进行每日检视只需要几秒钟。你检视得越频繁，你和你的大脑就会越来越信任你的日历、下一步行动清单和检查清单，相信这是一套可靠的系统。每日检视能够带来这一天和短期的掌控力。要维持掌控力，你必须更全面地检视你的世界。接下来让我们进入下一层检视：每周检视。

---

只要在正确的时间检视正确的事项，通常每天只需要短短几秒钟，你就能顺利完成检视步骤。

——戴维 · 艾伦

---

## 每周检视

每周检视的用意是帮助你维持掌控力，共分为三个部分：清空你的大脑、让你的系统符合现状、点燃你的创意能量。

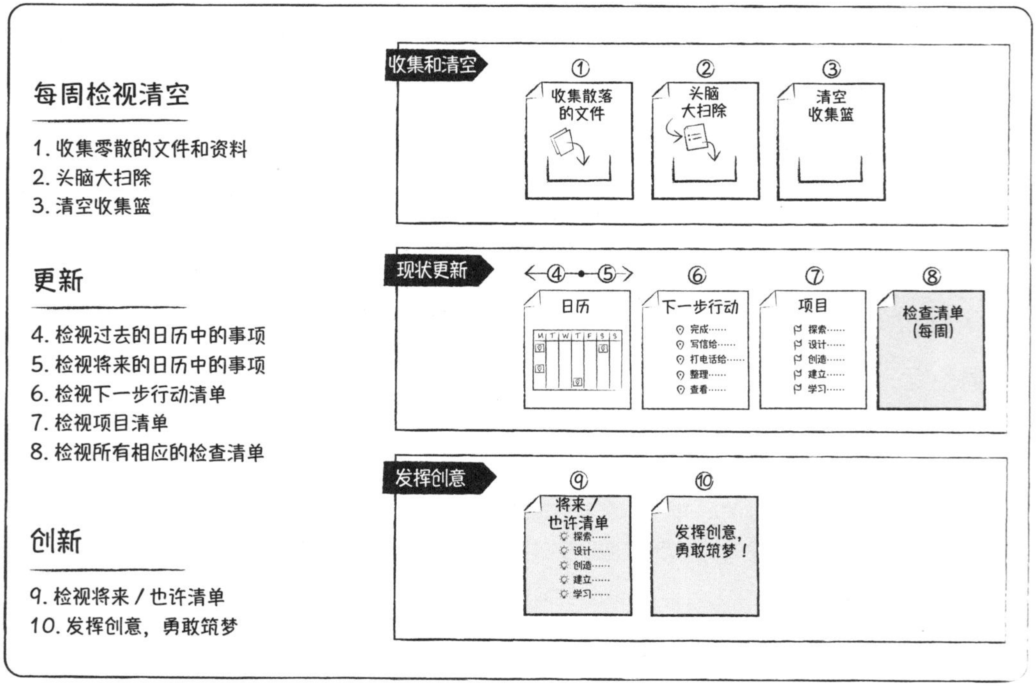


---

每周检视就像人生路上的“停”“看”“听”标志，在你思考自己的行动时，让你的行动和想法变得步调一致。

——戴维 · 艾伦

---

## 第一部分：清空

这部分的检视是帮助你收集上一周累积下来的所有杂事，包括实体和数字的杂事，以及你脑袋里冒出来的细小的心理杂事。

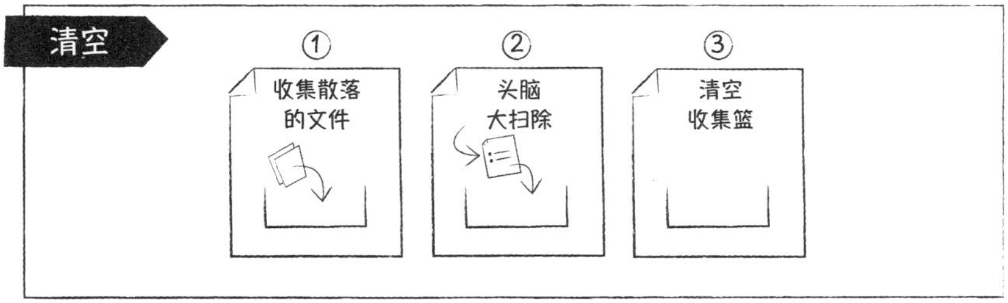


清空

**收集零散的文件和数据**——执行杂事狩猎，找出上一周漏网的所有杂事。里里外外搜寻，找出不属于 REDS（参考资料、设备、装饰品、文具用品）的杂事。举例来说，你把书包里的东西全倒出来，看一遍后再重新装回去：过期的三明治（REDS= 否，放进收集篮）、需要家长签名的文件（REDS= 否，放进收集篮）、穿过的脏运动服（REDS= 否，放进收集篮）、课本（REDS= 是，放回书包）、纸笔（REDS= 是，放回书包）、笔记本（REDS= 是，放回书包）。

**头脑大扫除**——进行头脑大扫除，捕捉你脑海里的所有东西，清空你的大脑。把从大脑清出来的东西放进收集篮。

**清空收集篮**——采取“理清”和“整理”这两个步骤，清空你的收集篮。延续前面书包的例子：过期的三明治（不可行动 = 丢弃）、需要家长签名的文件（可行动 = 放进妈妈的收集篮，两分钟法则）、穿过的脏运动服（可行动，放进洗衣篮，两分钟法则）。依此类推，清理掉从头脑大扫除步骤中得来的清单上的每一个项目。

完成这个部分的检视后，你将再次回到清空状态。所有可能需要关注的事情，再一次被全部捕捉完毕。

第二部分：更新

现状更新的目标是确认你所依靠的地图的完整性和准确性，你要删除过期的事项，加上新增的信息。完成此部分的每周检视后，你就可以信心满满地对自己、父母和老师说："我很清楚我的现状。我知道具体该做什么（日历、下一步行动），也知道事情完成时的样子（项目）。"

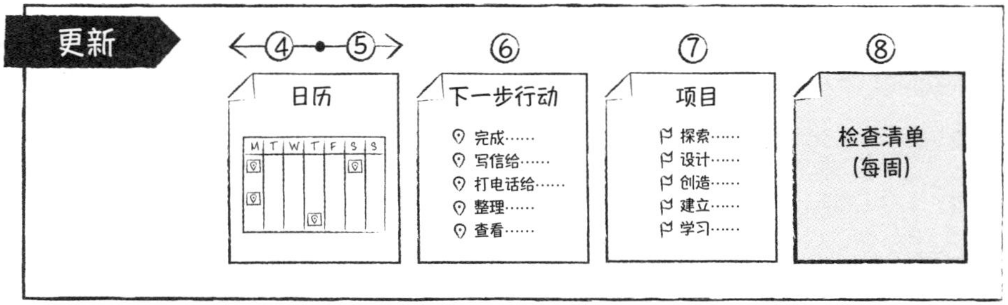


进行现状更新

**检视过去的日历上的事项**——查看过去几周的日历，看看有没有仍然需要你做些什么的事项。比如，你可能会发现："上个星期我举办了生日派对。对了，我得发邮件感谢客人们的到来。"把这件事记在你的下一步行动清单上。

**检视将来的日历上的事项**——看看下周和接下来的几周的日历，捕捉与日历上的事有关的任何行动。举个例子，假如你看到再过两个星期要有校外活动，你就会提醒自己该交家长签名的纸条了；或者你看到朋友的生日派对快到了，但你还没有准备礼物。把这两件事都捕捉起来，放进下一步行动清单里。

**检视下一步行动清单**——查看下一步行动清单，首先把已经完成的项目划掉，接着加入新增的行动。

**检视项目清单**——检查项目清单，确认每个项目都有了至少一个下一步行动。例如，你看到两周内要交一份英文读书报告，但这件事还没有下一步行动，于是你捕捉到“去图书馆借《杀死一只知更鸟》”这个行动。现在这个项目更新后，有了符合现状的下一步行动。

**检视所有相应的检查清单**——就像每日检视的检查清单，有一些列表或检查清单可能需要你每周检视，举例如下。

- 运动或活动安排表。
- 你最喜欢的名言集锦，每周检视以获得灵感。
- 你想要问自己的问题清单。

想想看，还有什么列表或检查清单可以每周检视一次，让你因此获益？

## 第三部分：发挥创意

GTD 不仅仅是一套列出清单然后再时时更新的方法。清单和更新固然很重要，有了这些才有可靠的系统。但归根结底，这套系统是要带领你到达海阔天空的更高境界，拥有无限可能的。“发挥创意”这个步骤，就是让你更有创意和勇气，不断向外拓展。

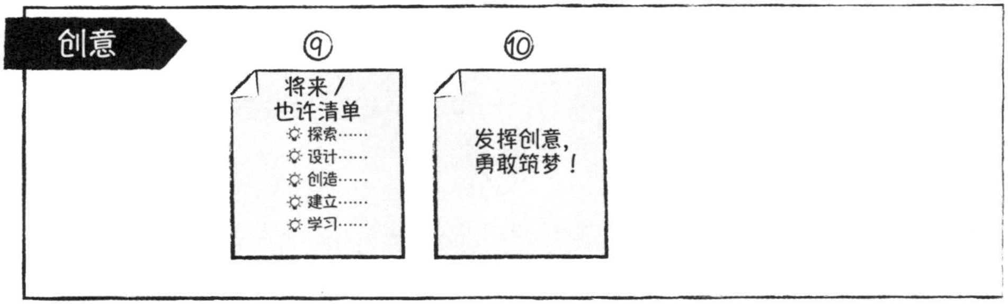


发挥创意

**将来／也许清单**——拿出你的将来／也许清单，看看这一路上你捕捉到的所有点子。把创意收集在这张清单上，你可以不对它们做任何事，这是你的自由，但是别忘了时常把这些清单拿出来检视，问自己：“这上面有没有什么事情，正是我现在想要做的？”如果有任何想做的事，就把它挪到项目清单或下一步行动清单中，表示“启动”了这件事，把它排进每日检视和每周检视，对自己承诺要推进这件事，要采取一些行动去创造动能。

举例来说，你可能在几年前看过一部电影感触很深，因此捕捉到“去巴黎”的想法。最近学校贴出公告，有个暑假拿奖学金去巴黎游学的活动，于是你想：“我为什么不试试看呢？把这件事放进我的系统，看看自己能做到什么程度。反正不成功也没有损失。”

**项目**：仔细了解学校的巴黎游学活动。

**下一步行动**：发电子邮件给负责人，取得活动内容和奖学金信息。

**发挥创意，勇敢筑梦！**——还有什么绝妙和给人启发的新点子，是你可以捕捉并加进系统里的吗？现在正是最佳时机，立刻动手吧！

花点儿时间和力气进行每日和每周检视，能确保你保持在准备好了的状态。你将因此获得掌控力和自信心，每一天和每一周都如此，因为你知道你已经准备好面对前方的一切。

---

众所周知，激励的效果无法持久。其实这就跟沐浴的舒爽一样短暂，所以我们才每天都需要它。

——吉格 · 金克拉（励志作家）

---

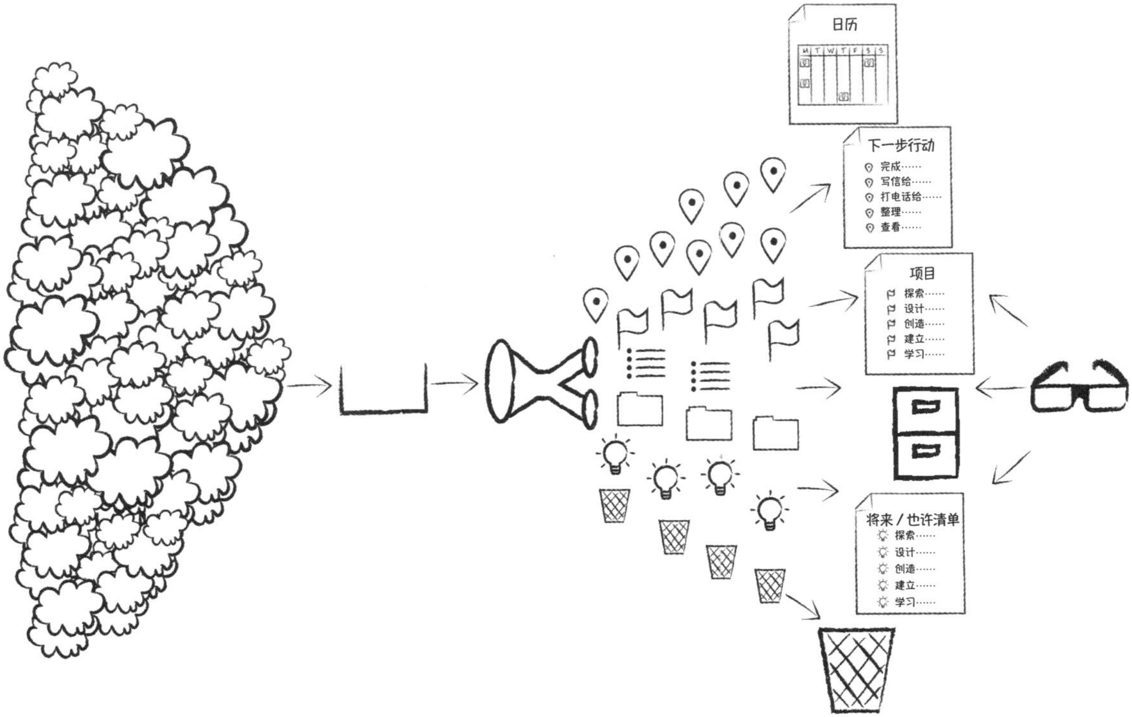

## △ 小结

**检视**这个步骤，需要你暂停脚步，慢下来，回头看。首先要做的是捕捉并理清杂事，然后查看地图，确定自己走在正轨上，正在实现自己所做的决定。

每份地图的检视频率分别是什么？这个问题的答案要视地图类型和你目前情况的复杂程度而定。我们用 3D 眼镜的比喻来说明三种不同深度的检视：每日检视、每周检视和专注高度检视。

每周检视是维持掌控力的核心，分为三个部分：清空、更新、创新。

**关键词**

- 检视
- 每日检视
- 每周检视

**想一想，或是找人讨论这些问题**

- 你认为你需要多久查看一次各种地图，才能维持掌控力？
- 如果你要进行每周检视，最理想的地点是哪里？你需要做哪些准备？
- 持之以恒地进行每周检视，可能会带来哪些好处？

## □ 执行：借助地图做选择

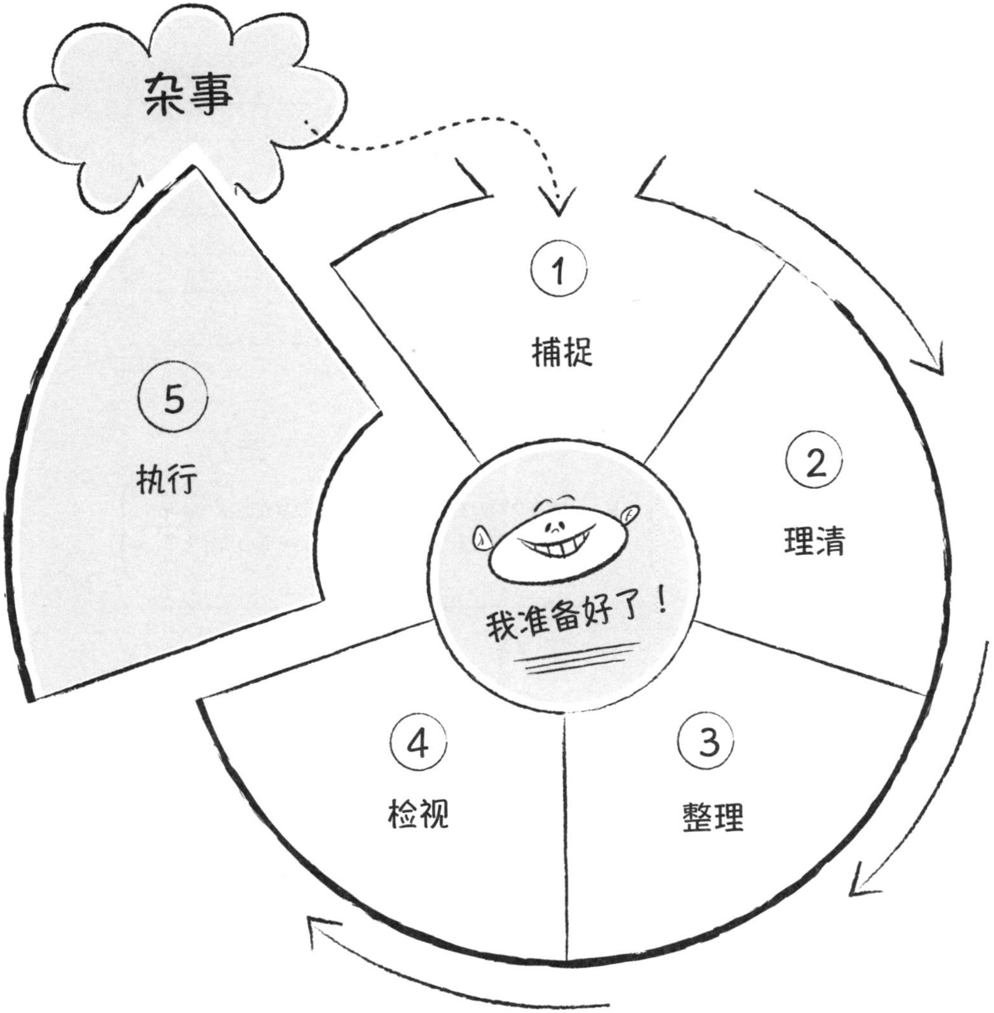

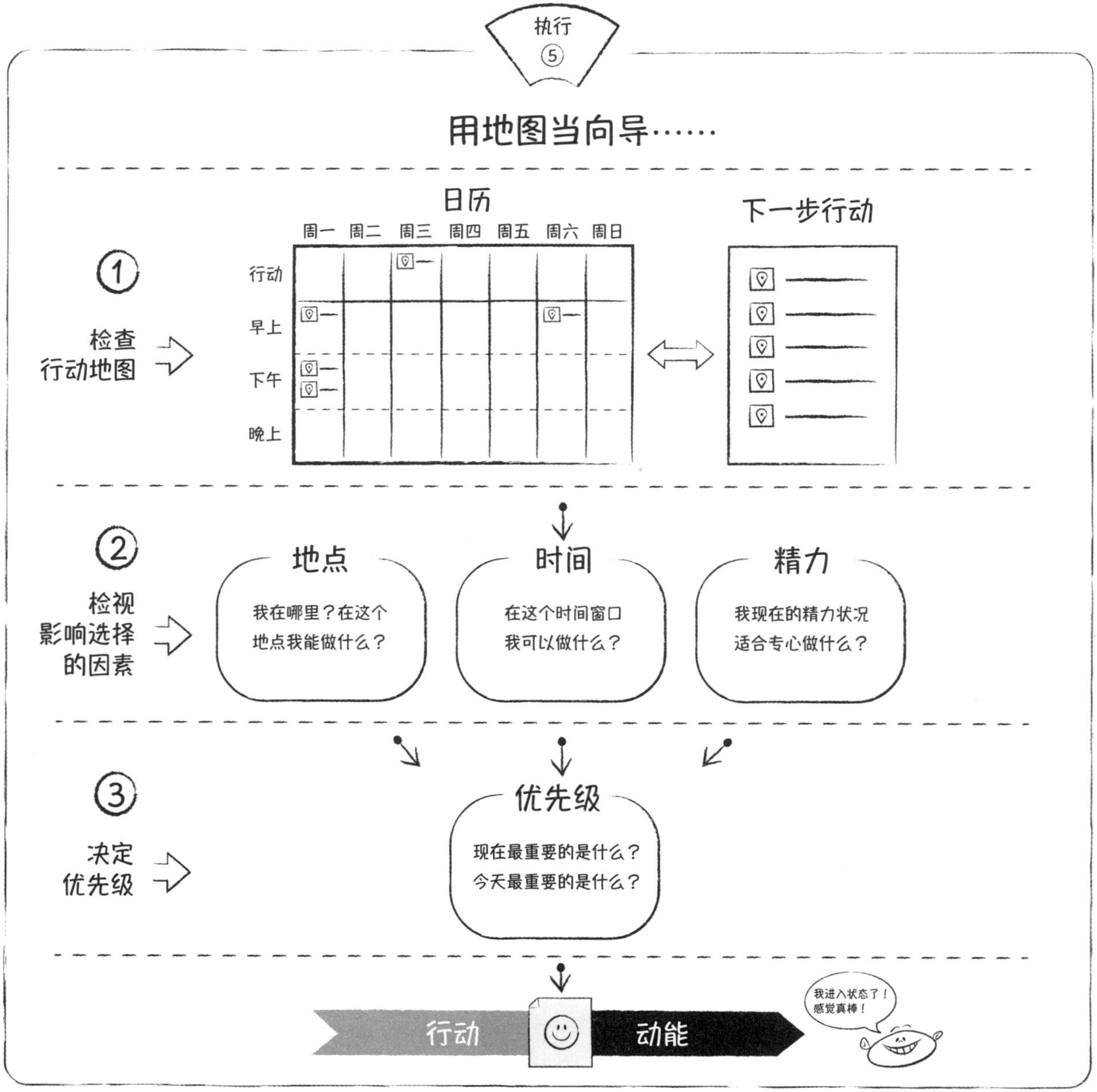
执行
⑤
用地图当向导……
①
检查
行动地图
日历
周一 周二 周三 周四 周五 周六 周日
行动
早上
下午
晚上
下一步行动
②
检视
影响选择
的因素
地点
我在哪里？在这个
地点我能做什么？
时间
在这个时间窗口
我可以做什么？
精力
我现在的精力状况
适合专心做什么？
③
决定
优先级
优先级
现在最重要的是什么？
今天最重要的是什么？
行动
动能
我进入状态了！
感觉真棒！

## △ 步骤 5：执行

恭喜你走到了这里——搞定五步骤的最后一步。先前所做的思考都将在这个步骤中得到回报。

在这个步骤中，你必须借助地图和直觉，选择你要采取的行动。

你将会看到先前做的计划有了进展。

**执行**：思路清晰、全力以赴、充满信心地去做当下你应该做的事情。

这个步骤中使用的工具和策略将帮助你做出可靠的决定：如何使用你的时间和精力。下一步行动清单能让你用最少的力气完成事情。

---

如果你花太多时间去想一件事，就永远没办法完成这件事。

——李小龙

---

### 执行就是要用心去做

步骤 5 的目标是用心过好每一刻，活在当下，即使休闲娱乐也是如此。同时，这也意味着在一些不那么有趣的时刻，例如需要下苦功或是需要自制力的时候，你依然能够全神贯注。

GTD 的这套方法有一个容易被忽视、甚至是意想不到的好处：当你的世界有点儿疯狂和混乱的时候，仍旧能够让你保持镇定、泰然自若。当你静下心来，不惧怕，没压力，就有机会与精力把注意力放在身边的人和环境上。

此外，由于你已经得到掌控力，并且完整收集了你的世界中发生的一切，所以你可能常常会发现：善用你的时间、注意力和精力的最佳方式，就是不采取行动。我们把这种状态称为“留白”，而在这个网络连接越来越强大的时代，“留白”变得越来越难得。

在生活中开拓和寻找“留白”，可以让你有如下机会。

- 冷静下来。
- 放松并聆听喜爱的音乐。
- 全心全意陪伴朋友。
- 和新认识的人聊天。
- 想象未来，或是从将来 / 也许清单中挑一件事尝试一下。

当你不再疲于应付层出不穷的杂事时，你就可以自由选择要做什么、在什么时候做。不

过，由于选项如此多，又产生了一个新的问题："我怎么知道应该选择做哪件事？什么时候做？"

接下来让我们探讨选择行动的过程，看看如何才能自信地做出选择，帮助自己前进。

---

身在哪里，心就在哪里。

——吉姆 · 艾略特（福音派传教士）

---

**善用地图**

为了让你对自己如何利用时间有信心，第一件要做的事，就是快速查看地图，看一眼日历和下一步行动清单，确定你在该在的地方，而且所有迫切的行动都已经处理妥当。

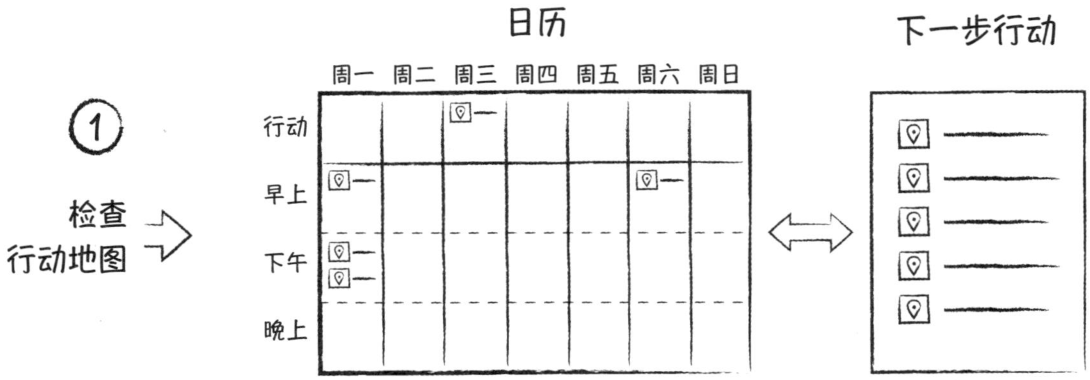

如果没有什么要紧的事必须马上完成，那么你就可以从众多下一步行动中，挑出一样来做。接下来我们要介绍一样工具，能帮助你选出最理想的一个行动去执行，那就是“聚光灯”。

## “聚光灯”的四个标准

在你上初中或高中之前，你早已建立一些做事的习惯，这些习惯有好有坏，你可能有所察觉，也可能并没有注意到。有些人习惯等到最后一分钟，压力大到不得不采取行动的时候才动手（例如熬夜或是一大清早爬起来完成作业）；有些人则是看自己当时的心情来决定要做什么（例如明明知道困难的作业比较重要，却还是选择去做简单的作业）。

这些都是常见的做法，大多是被情绪、父母或社会的压力推动的。然而，常见的做法不见得是最有效的做法。步骤 5 就是要帮助你“与众不同”，走不一样的路，找出对你最有效的途径。

“聚光灯”策略是指利用你制作的地图做出更有效的决定，而不是迫不得已去做压力最大（刚冒出来与脑袋里最吵闹）的事。“聚光灯”策略有助于你的大脑综合考虑以下四个标准。

- 地点
- 时间
- 精力
- 优先级

用这四个标准选择该做的事，能让你对自己的选择充满信心。让我们一个个认识这四个标准。

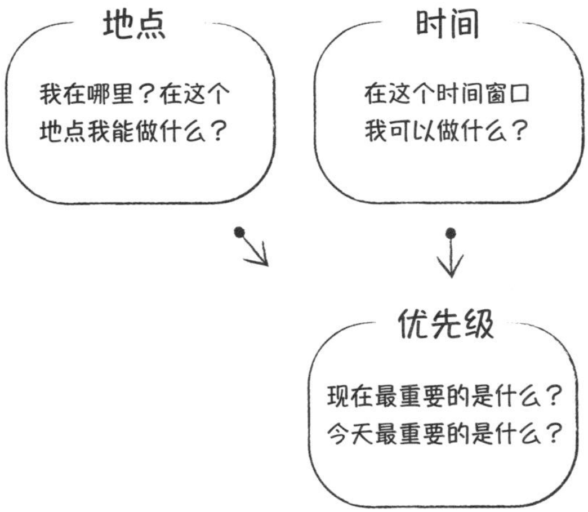


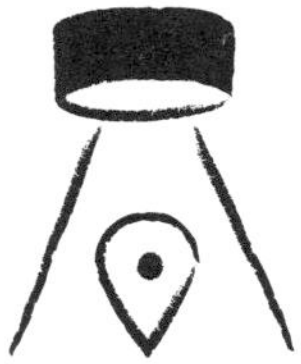

---

我有点儿像是出现在天体营的蚊子：知道该做什么，但却不知道该从何着手。

——史蒂芬 · 贝恩（圣公会主教）

---

时间

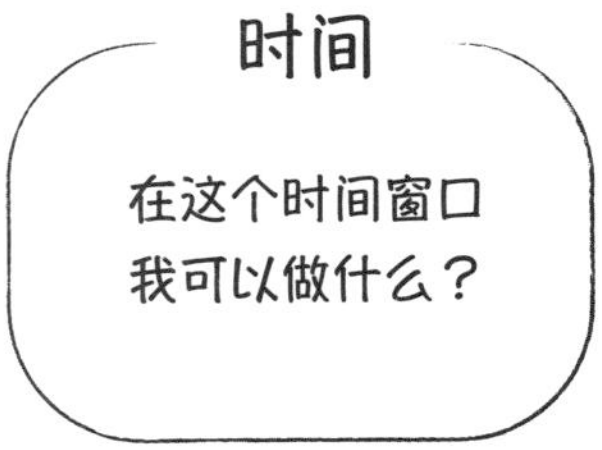


“时间管理”已成为价值上亿的新兴产业。然而，现实是，时间无法被管理，不论你愿不愿意，时间都会照样往前流动，只不过有时候你会觉得时间走得像蜗牛一样慢，有时候又会感觉时间过得像火箭一样快！

不管怎么说，你可以管理你要如何运用时间。下面有一些问题能指引你恰当地运用时间。

- 在下一个已确定时间的安排之前，你有多少空档？5 分钟？10 分钟？30 分钟？
- 这段空档拿来做什么最有效？

假设你只有 5 分钟的空档，那么用来思考一个大项目的流程大概不是最好的选择。这么短的时间可能只够你发个短信，快速浏览一下网站，或是将书包迅速整理一遍。但是这 5 分钟的投资并非微不足道，事实上，你如果能充分用好这些空档，会帮助你在以后创造出一些“留白”。

假设你有 30 分钟的空档，那么发短信或浏览网站可能就不是最佳选项。事实上，如果这么做，它们还可能成为使你分心的陷阱，造成拖延。

30 分钟足够用来执行更大的事项，你可以做一些深度思考，获取更多信息，或是完成一连串步骤的行动，从而获得动能。30 分钟这样的时间长度，很适合用来进行头脑风暴、拓展阅读，或是理清你捕捉进收集篮的杂事。

只要学会辨识不同类型的行动最适合多长的时间空当，你就能确保自己在有空时准备好去执行相应的行动，无论时间长短，都能合理利用。

精力

**精力**

**我现在的精力状况适合专心做什么？**

精力涵盖很多方面——体力、脑力和情绪。你不必非得时时刻刻精力充沛才能保持掌控力和准备好了的状态。即使在疲累的时候，你还是能有效地执行行动。

你最好对自己的精力水平有基本认识，知道自己什么时候能最好地思考、工作和休闲。这样你就可以帮助你根据自己的时间空当和精力水平，去选择合适的行动。具体该怎么做呢？

下面几个问题可以帮到你。

- 你在什么时段会处于最佳状态？一大早？中午？深夜？
- 你在什么时段感觉最清醒、最精神抖擞、最有毅力去做有挑战的事情？

了解自己在什么时候效能最高，可以帮助你决定在什么时候去做你想做的最有挑战性的事。

你知道哪个行动或项目特别需要动力吗？如果你拖到最后关头才做，很可能会卡在自己工作效率最差的时候。这样的事，建议你提前安排，选择自己最佳表现的时段执行这些任务。

相反，你什么时候会开始感到精力下滑？什么时候会觉得累趴下了？

找出这些低潮经常会出现的时刻，能帮助你辨识出自己在精力水平低时的状态，你会知道什么时候该执行不怎么需要专注力的行动。精力水平低的时段可能是发短信或是边看电影边清理抽屉的好时机。如果这类行动都在地图上列好的话，你还是可以找到并执行适当的行动，创造出极大的动能。这也是一种准备好了的状态，只是能量不同而已。

地点

地点是指，在你能够执行行动的时候，要考虑你所在的场所。也就是你要根据所处的地点，以及现在的时间，辨识出可以实际完成的事。

例如，你不能在晚上 10 点打电话去预约剪头发，因为理发店在这个时间已经打烊了；在没有互联网的地方，你没办法发电子邮件；如果商店远在你根本去不了的地点，你就没办法跑去那家店买东西。

**地点**

我在哪里？在这个地点我能做什么？

别被上面这些“不行”的例子给吓到，“地点”的原则是要你问问自己：“考虑到现在的时间和我所在的地点、手边的资源，我能做什么？”你得出的答案虽然会缩小你的选择范围，但能保证你执行合适的行动。

优先级

这是“聚光灯”策略四个标准中的最后一项，同时也是影响最大的一项。

有些事情就是必须现在完成。假如你有个作业明天早上要交，那么时间、精力、地点这些原则统统都得靠边站。有时候优先级就明显决定了下一步行动，没什么其他好说的。

如果一个小时后就要考试，那么不管你目前的精力和心情如何，你就是得好好用功学习。如果你有紧急的事必须要告诉朋友，那么精力和时间可能都会显得无关紧要。

你可以随时随地运用“聚光灯”策略。考虑时间、地点和精力，以及你手上正在进行的所有事，这一刻最适合你去做的是什么事？

你准备好继续读下去了吗？还是有其他事情正在分散你的注意力？如果有的话，你知道该怎么做了吧！

**优先级**

现在最重要的是什么？
今天最重要的是什么？

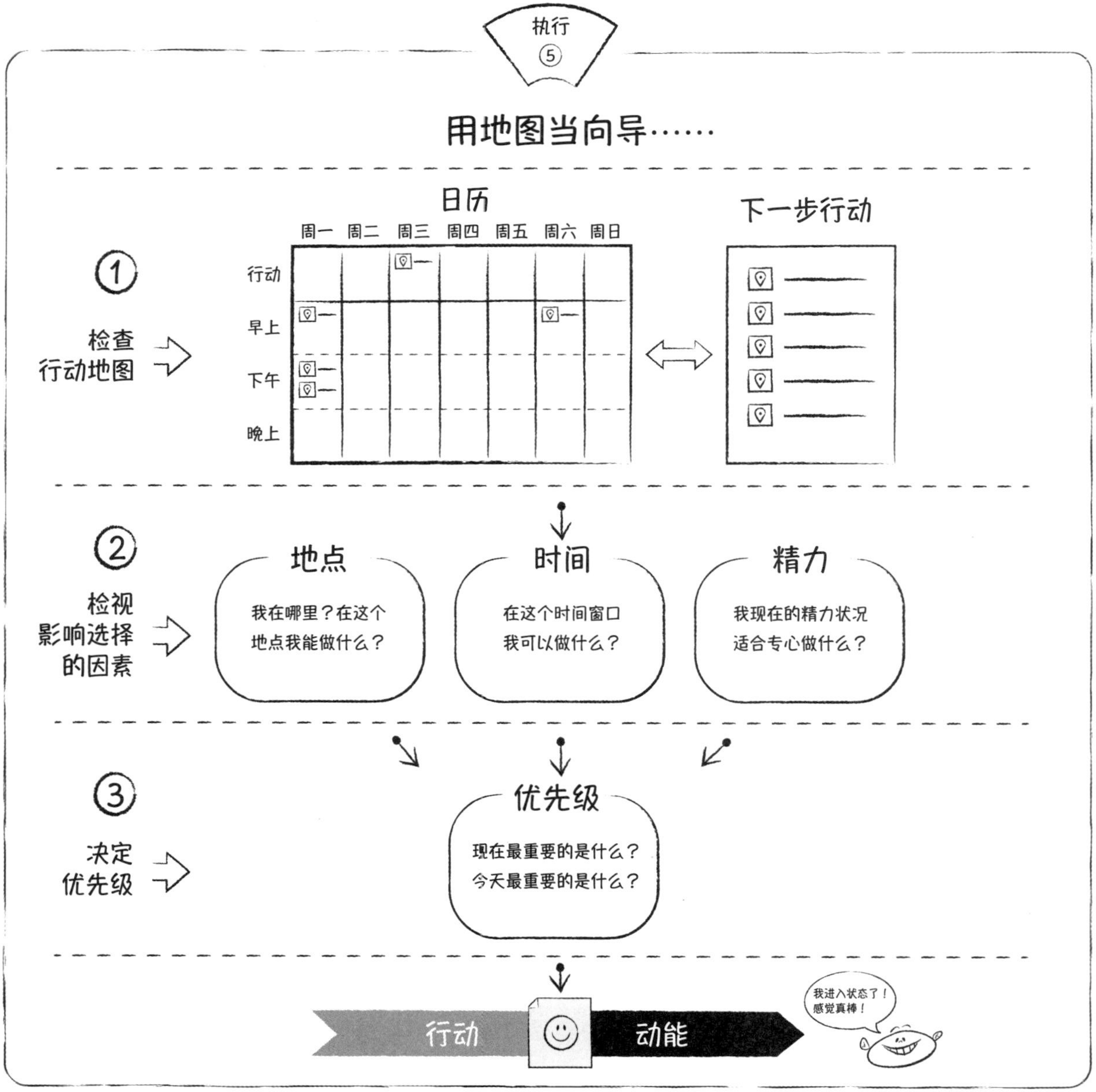
执行
⑤
用地图当向导……
日历
周一 周二 周三 周四 周五 周六 周日
行动
早上
下午
晚上
下一步行动
①
检查
行动地图
②
检视
影响选择
的因素
地点
我在哪里？在这个
地点我能做什么？
时间
在这个时间窗口
我可以做什么？
精力
我现在的精力状况
适合专心做什么？
③
决定
优先级
优先级
现在最重要的是什么？
今天最重要的是什么？
行动
动能
我进入状态了！
感觉真棒！

## △ 小结

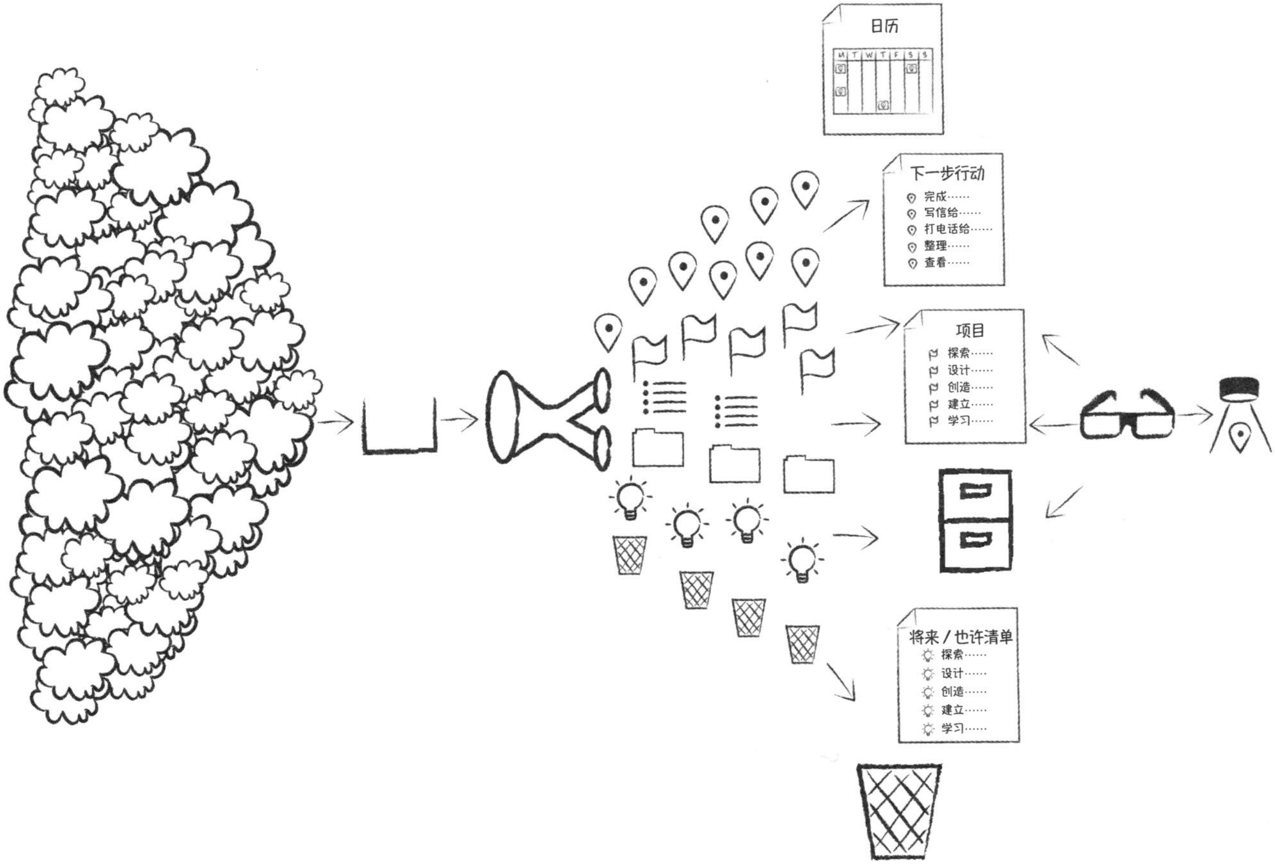


“执行”的意思是，决定如何以最佳方式应对目前的状况，借助地图和一些决策标准，做出接下来要做什么的最好选择。“聚光灯”这个工具提供了四个好用的标准。

## 关键词

• 执行　• 时间　• 地点　• 优先级　• 精力

## 想一想，或是找人讨论这些问题

- 如果你有一段空当，像是自习时间、放学后或是没有安排的周六上午，你怎么决定要做什么事？你有几成把握这是最好的选择？
- 你要怎么把“聚光灯”的四个标准应用在学习或工作中？

## ● 专注高度：从不同视角看问题

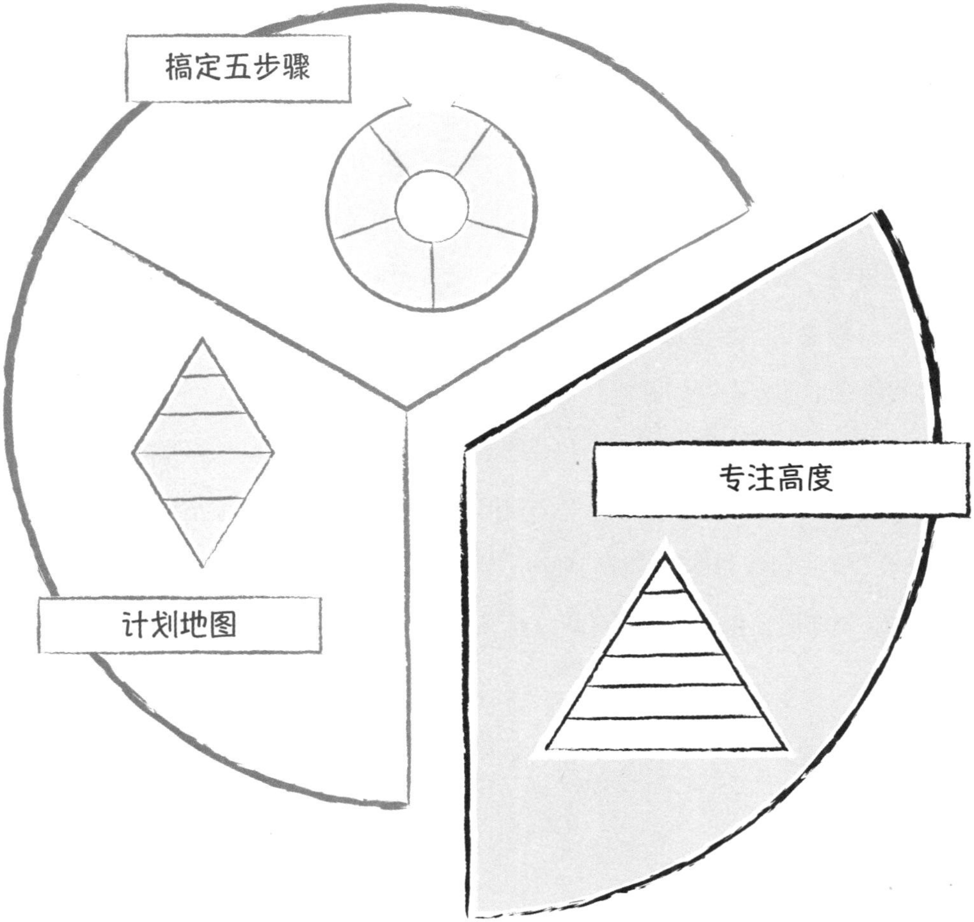

在前面的章节中，我们介绍了如何利用“搞定五步骤”重新回到准备好了的状态，也看到运用这套方法处理杂事的价值。既然你已经知道如何取得掌控力，让我们继续前进吧！

取得掌控力，是为了先清除造成你分心的东西，让你可以专心。现在你已经准备好了，接下来的问题是：你要把专注力放在哪里？

在下面的部分，我们将探讨“视角”，要用到的工具是“专注高度”，也就是步骤 4“检视”中介绍的 3D 模型里的第三层“专注高度检视”，这是最具动态的一层。

想想看：如果由别人告诉你你该做什么，你通常会有什么感受？你会觉得被冒犯吗？会开心吗？会害怕吗？还是会觉得自己充满创意？或者可能是混合了以上各种情绪？相对地，如果是由你自己做决定、自己选择喜欢的观点和做自己认为重要的事，你通常会有什么感受？相信这两种情况的感受差别很大。

在很多情况下，实现自由和独立，与你管理专注力的能力，也就是你获取视角的能力，息息相关。在接下来的这一部分，你将学会利用“专注高度”地图捕捉各个高度的想法。以后，“专注高度”地图可以帮助你捕捉、理清、管理你的专注力和视角。通过创造这张地图并更新它，你将获得新的视角，并且很可能因此看到令人兴奋的新机遇。让我们来仔细研究这些视角的高度吧！

搞定五步骤
计划地图
专注高度
专注高度
其他辅助数据
如果要弄清楚"为什么"，就往上移动。
如果要弄清楚"怎么做"，就往下移动。
人生目的
我出生在这个世上是为了____。
笔记
我的人生目的
愿景
我想象中自己的未来理想情况，用笔记下来或是用图片、照片呈现。
笔记或图片
愿景
目标
我要在何时完成什么。
清单
目标
责任范围
我主要的责任范围。
学校
家庭
父母
清单
责任范围
健康
活动
运动
心灵
项目
我近期内期待达成的目标。
项目
探索……
设计……
创造……
建立……
学习……
将来/也许清单
行动
具体执行的内容。
日历
下一步行动
完成……
写信给……
打电话给……
整理……
查看……
检查清单
参考资料（一般性的）

## 可以缩放的地图

“专注高度”这个工具可以用来帮助你从不同的视角，去思考并保存相关信息，以便有需要时可以拿出来检视。你可以把“专注高度”想象成一幅人生的地图，而且是动态地图，就像手机或电脑上的地图程序。当你需要纵览全局，了解人生前进的大方向时，你可以把地图拉远，观看全景；当你为了做某件事而需要知道更明确的路径与行动指示时，你可以把地图拉近，观看细节。

想一想你使用谷歌地图这个程序的经验。你可以调整缩放比例，把地图拉远直到看见整个地球的样子，也就是从更高的角度观看。因为在这个高度，你看到的不是街道或建筑物，而是更大范围的景象，这反而可能会引发你思考更大的问题。当你看到这幅景象时，你会想到什么呢？

相对地，假如你想查到足球比赛场地的路该怎么走，你会把地图放大拉近到可以清楚地看见从你家到足球场的路径。这是比较低的视角——对于不同的目的，需要站在不同的高度观看。当你看着这幅地图时，你应该会注意到不同的细节，想到不同的问题。这幅景象触发你想到什么？

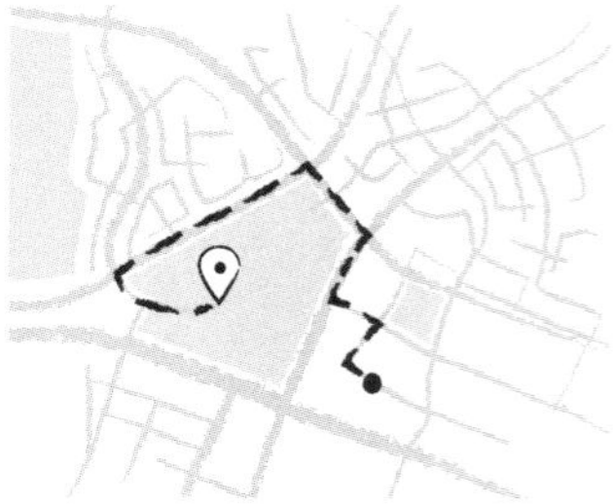

你天生就会在人生的“专注高度”上下移动。现在让我们来更进一步地认识“专注高度”这个工具，用地图缩放的思维方式来帮助你在人生的旅途中获得掌控力和视角。

## 不同高度的功用

“专注高度”是 GTD 系统的三大工具之一（搞定五步骤、专注高度、计划地图）。填写在“专注高度”地图的信息，可以在适当的时间提供适当的提示，让你注意到对自己最重要的事。如果你要写一本《我的人生故事》，“专注高度”就是书中的章节，里面包含的信息可以帮助你通过重重挑战与冒险，让你看清楚自己正在做什么，以及你为什么要做这件事。

当你学会捕捉想法并能将之整理至适当的高度，你就等于写出了一小段人生故事。这个时候你是作者，你对你的人生故事拥有一些操作式掌控。当你学会后退一步检视，并且检视每个高度的内容时，你会开始注意到有些地方需要加上转折，有些地方需要调整或删除，然后做出必要的修改。这个时候你也扮演了自己人生故事的编辑角色。

在人生的路途上，你将有许多机会编辑你的故事、修正路径。在不久的将来，你马上就要成年，可以全权决定自己要前进的方向，同时也要负起全部的责任。“专注高度”将是你的好帮手，帮助你自信地去走你的人生路。

## 专注高度

这个工具包含了 6 个高度，每一层都将帮助你用不同的方式审视人生，再决定该把你的专注力放在哪里，以及为什么放在那里。让我们来一一认识每一层，把你目前的想法和念头捕捉进每一层对应的地图中。

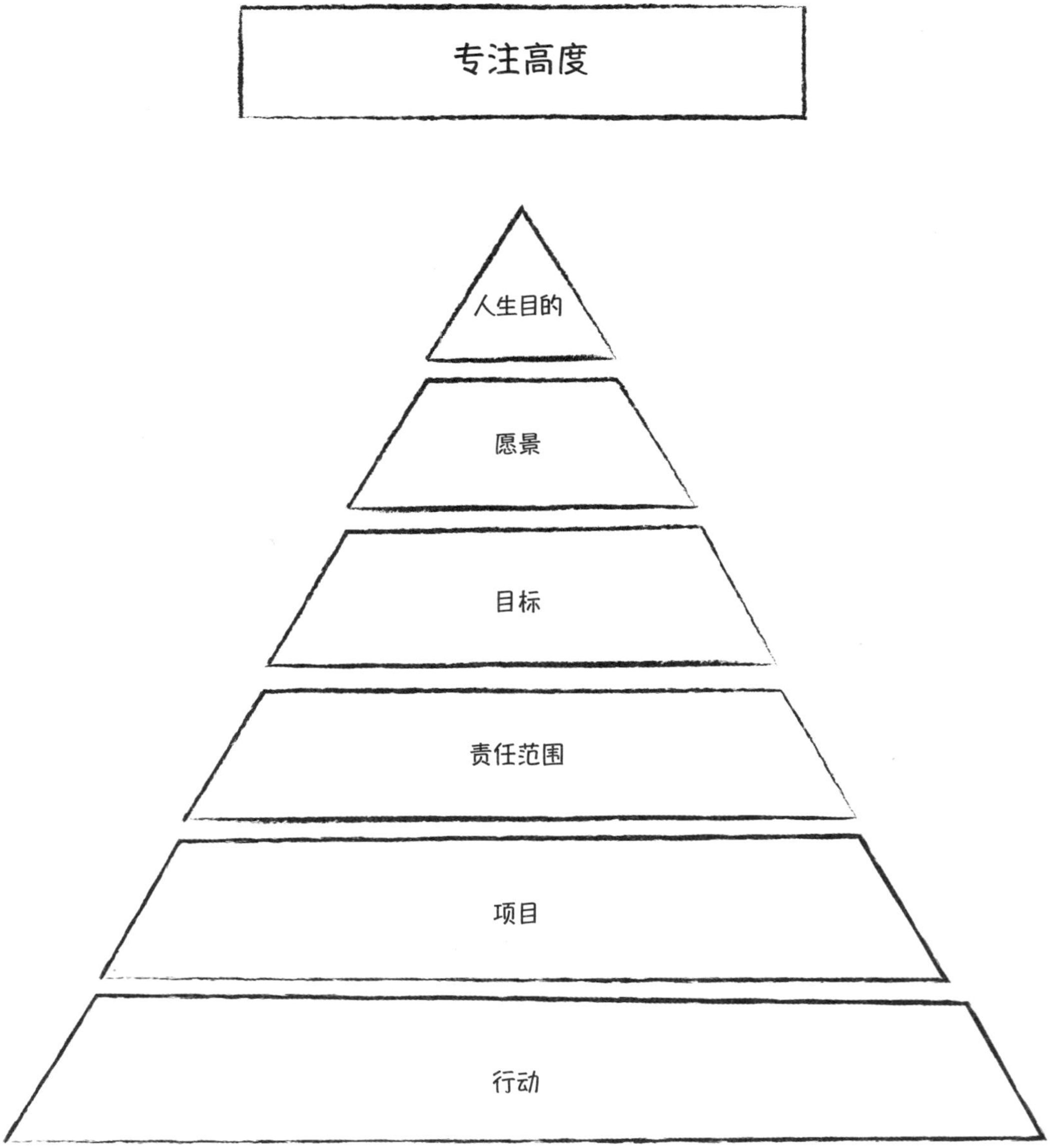
专注高度
人生目的
愿景
目标
责任范围
项目
行动

我为什么会在
这世上呢？

## □ 人生目的：我出生在这个世上是为了______

人生目的位于“专注高度”的最上层，是从最宽广的角度去看你的人生，就像在谷歌地图程序中把比例尺拉到最远去看整个地球。这个高度追求的是简单而重要的问题：“为什么？”

比如，你可能会问自己：“为什么我会在这里？我觉得我出生在这个世上是为了_____。”或者：“为什么我会在这里？我觉得我的人生目的是_____。”

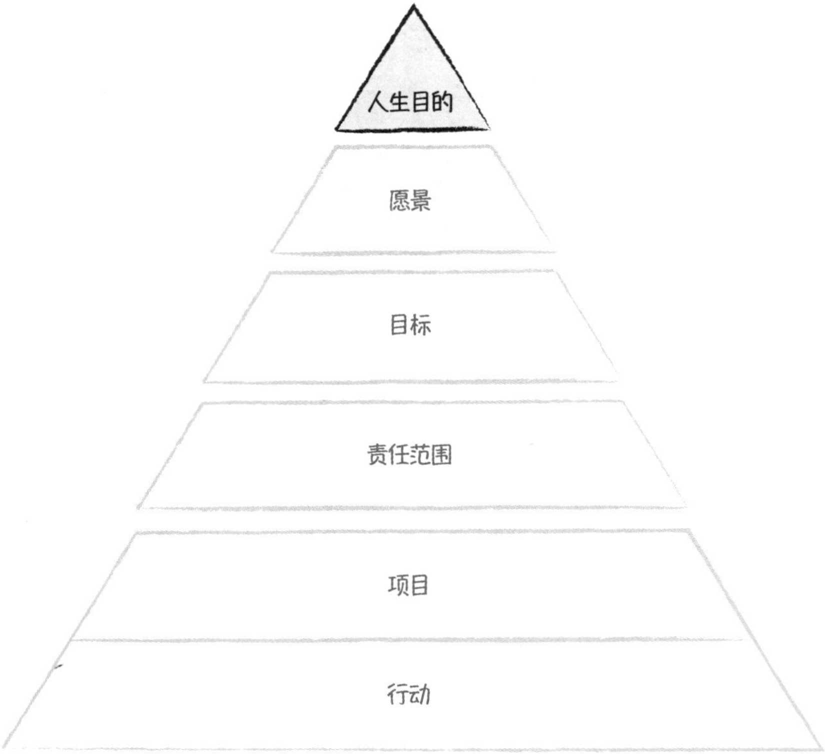

根据你现在的情况，你会怎么回答这个重要的问题？请利用下面的“人生目的地图”，花点儿时间捕捉你脑海里冒出来的初步想法，写下你的人生目的。不必写得很工整、完美，也不必担心答案不能修改。允许自己捕捉最粗略的概念，只要把今天你觉得是真实的东西写下来或画下来就好，因为在以后的人生路上你还会不断修改。如果你对自己的答案感觉不确定或没把握也没关系，这个工具是为了帮助你不断理清每一层高度的想法，帮助你认识自己。最重要的是放慢脚步，找出并捕捉你现在的想法。这样一来，你才能提出正确的问题，找出适当的下一步行动。

---

我总是渴望创造，渴望发表意见，告诉别人一些东西，给他们信息，然后得到反馈。

我有好多问题要问，还有太多太多要说的话还没说。

——钱斯勒 · 班奈特（饶舌歌手）

---

△ 人生目的地图

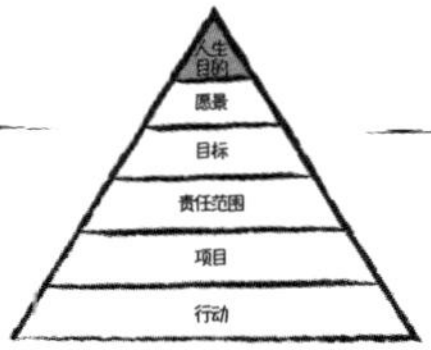


人生目的

我觉得我出生在这个世上是为了 ______________________.

(把这份地图存进你的“人生目的文件夹”。)

## □ 愿景：未来的我是什么样的

在愿景这层高度，你要想象你在未来是什么样子，例如：你想过什么样的中学生活、中学后的生活、大学生活，或是之后的人生。问问你自己：如果未来几年每一件事都心想事成，你会想象自己在做什么？

请利用下面的“愿景地图”，花一些时间捕捉你理想中的情景。大胆想象自己无比成功的情景吧！你可以做笔记、写下创意、剪贴图片、制作列表、引用别人的话，凡是能够代表你心中“成功”的东西，全部捕捉起来。如果你喜欢用数字工具（电脑、手机），还可以复制图像贴上。你要做的是在这份地图上填满你理想中的未来，从你想要成为什么样的人，到你会跟谁在一起、做什么事，统统放进这份地图里。

---

成功靠的是决心。在半路上，你可能不是在做你想做的事，不是朝向你想去的地方。但你必须坚定地抱着愿景往前看，让它引领着你走向不可思议的终点。

——亚瑟小子（流行歌手）

---

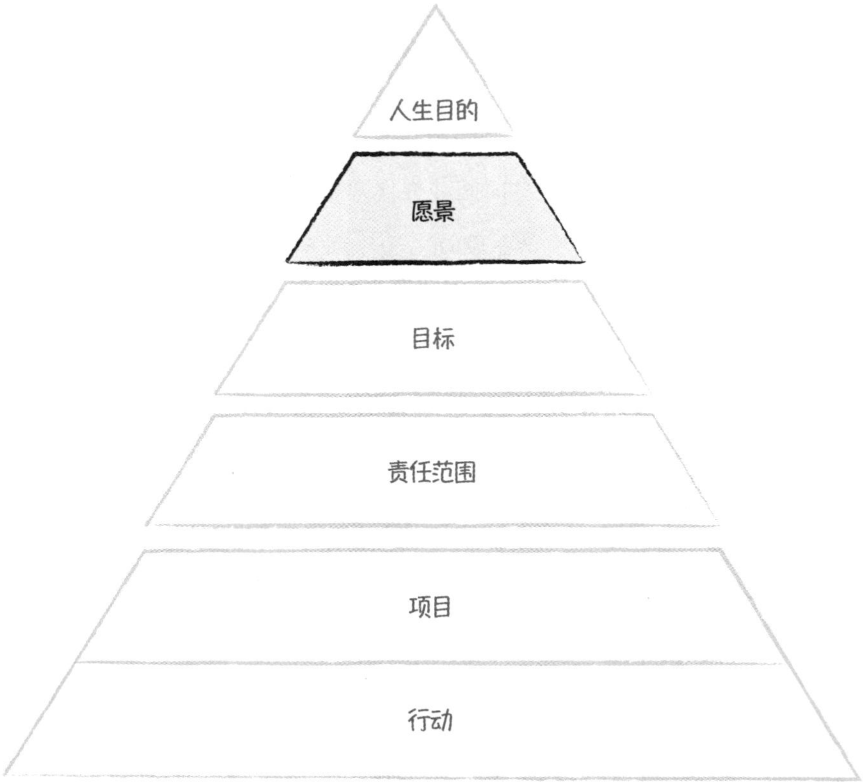
人生目的
愿景
目标
责任范围
项目
行动

△ 愿景地图

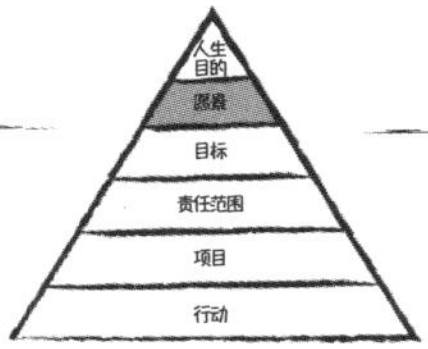


愿景

我的未来看起来、感觉起来是什么样子，看下面的照片 / 图画 / 描述就可以知道。

(把这份地图存进你的“愿景文件夹”。)

## □ 目标：我要在何时完成什么

现在让我们回头看一下你捕捉放进“人生目的”和“愿景”地图里面的东西。看到这些东西，你觉得今年你该做些什么呢？有没有哪些比较大的目标是你认为应该完成的？要在什么期限之前完成？

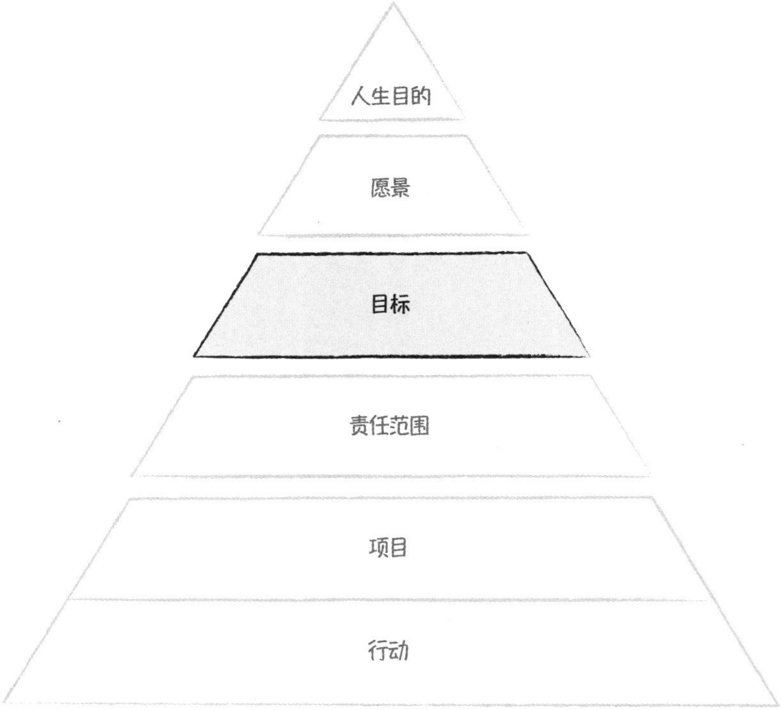


这样的东西应该放进“目标”的高度之中。这一层的目标，从时间上看更近，是你想要

达成的比较大的愿望，能帮助你决定该把注意力和焦点放在哪里。目标层的思考，能帮助你评估这些目标是否符合你的愿景及人生目的。这里有一些目标的例子。

- 从中学毕业。
- 组乐队。
- 设计一个软件。
- 从大学毕业。
- 加入高中校队。
- 做一个受欢迎的博主。
- 拿到驾照。
- 征服一座山。
- 在戏剧演出中争取成为主角。
- 毕业成绩进入全班前 10%。

请利用下面的“目标地图”，捕捉一些此时此刻你认为重要且可能有机会完成的目标，并在完成时检查一遍。把这些目标写进左边的字段，然后在右边找到恰当的“预计花费时间”打钩。

---

要让无形的愿望成为有形的成果，第一步就是设定目标。

——托尼 · 罗宾斯（潜能开发专家）

---

## △ 目标地图

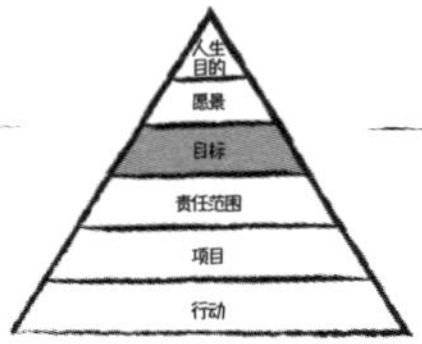


目标

| 我想要达成…… | 预计花费时间 | | | |
| --- | --- | --- | --- | --- |
| | 一个月 | 一学期 | 一年 | 一年以上 |
| | | | | |
| | | | | |
| | | | | |
| | | | | |
| | | | | |
| | | | | |
| | | | | |
| | | | | |
| | | | | |
| | | | | |
| | | | | |

（把这份地图存进你的“目标文件夹”。）

我不会去注意前方有什么困难。我会把注意力放在我的目标上，尽量不去看其他东西。

——维纳斯・威廉姆斯（网球女将）

## □ 责任范围：我主要的责任

这层高度的功用，是让你能够追踪生活中需要你持续关注的重要部分，因为你已承诺要维护这些领域。

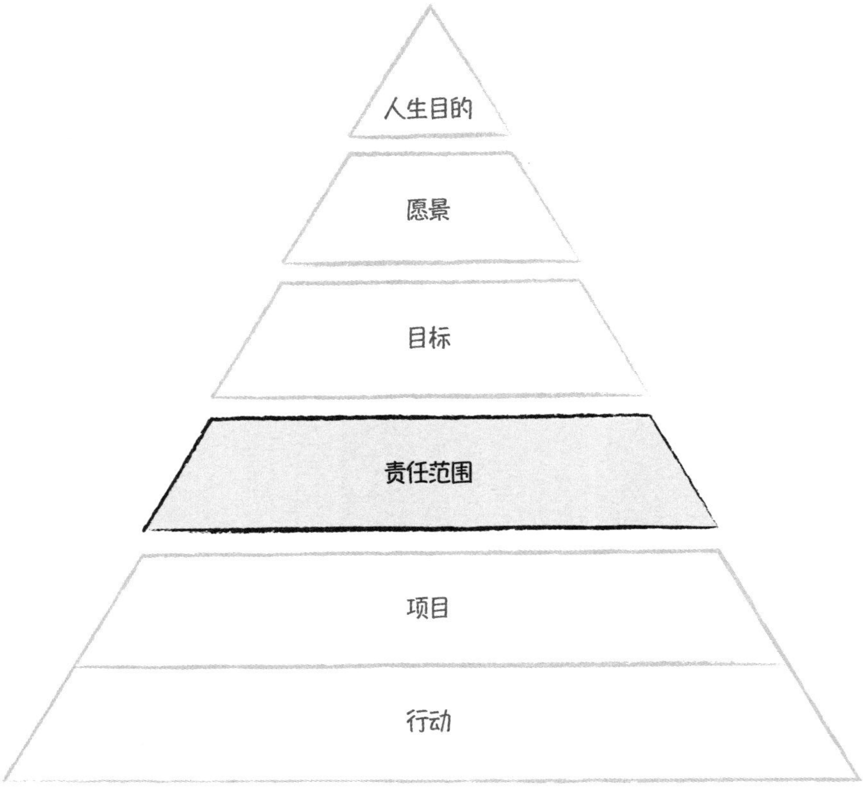

由于你负有责任的生活领域会随着时间改变、发展，所以这层高度的内容会随着你的年龄增长而不断变化。也许你在一年内就会经历许多转变。当你逐渐成长，从依赖成人照顾转变为享有独立自由，你将承担起越来越多之前大人的责任。

比如，现在你出门可能是需要大人开车载你去该去的地方，但是再过几年你就可以自己驾驶，同时承担起所有相关的义务。

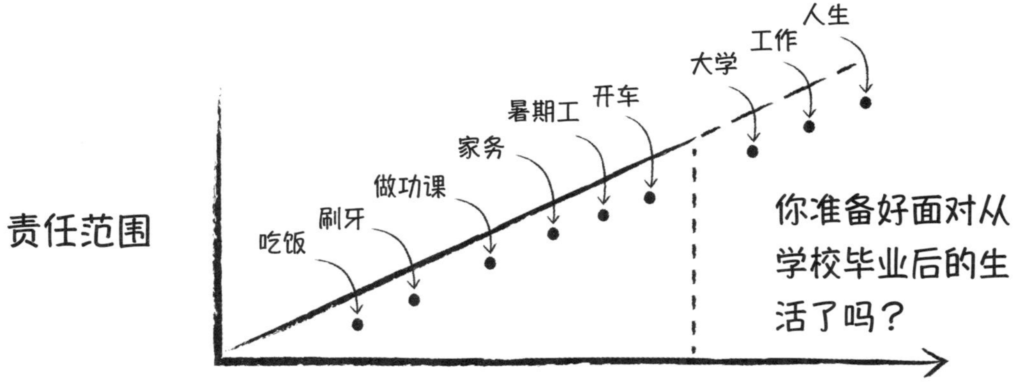


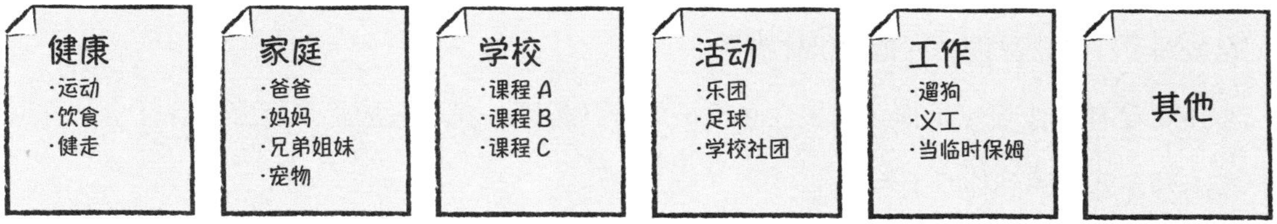


把自己的责任范围写下来，并检视更新，可以让你感觉条理分明，获得平衡和冷静，还能够建立你的信心，学会如何面对高中或大学毕业以后的生活。找出自己的责任范围并妥善管理它，也有助于让其他人信任你，对你更有信心。

随着你不断地成长，你可能会发现有些责任范围不太会随着时间改变，例如：

- 儿子／女儿的身份。
- 兄弟姐妹的身份。

另外有一些责任范围变化得比较快：

- 从期待当初中生转变为期待当高中生。
- 从不会开车到会开车。
- 从没有工作到有工作。
- 从不注意自己的健康状况到必须管控自己的健康。

请利用下面的“责任范围地图”捕捉你认为重要与符合你现在生活情况的责任范围。我们已经写上一些常见的责任范围供你参考。

还有没有其他领域是你必须关注和维护的责任范围？在不久的将来有哪些责任会从你父母或老师那儿转移到你身上？

---

负起责任，让人产生相应的能力。
——史蒂芬·柯维（管理学大师）

---

## △ 责任范围地图

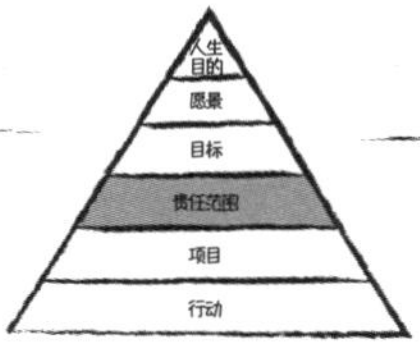


责任范围

许多责任范围将逐渐从你身边的大人（父母、老师、教练）转移到你身上。随时留意你自己的责任范围，将能使你顺利度过人生中的所有变迁。

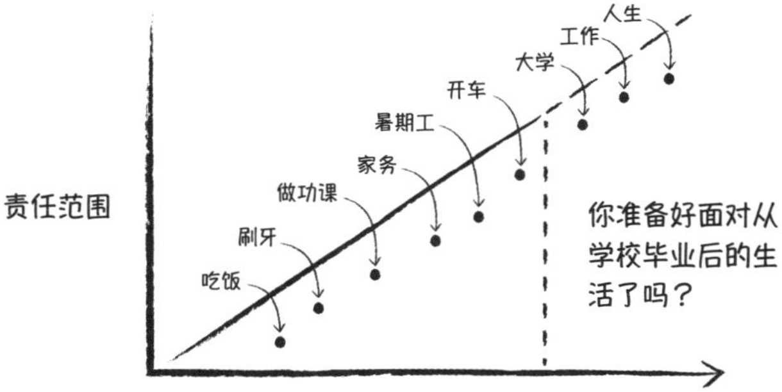


**健康**
- 运动
- 饮食
- 健走

**家庭**
- 爸爸
- 妈妈
- 兄弟姐妹
- 宠物

**学校**
- 课程 A
- 课程 B
- 课程 C

**活动**
- 乐团
- 足球
- 学校社团

**工作**
- 遛狗
- 义工
- 当临时保姆

**其他**

**我的责任范围：**

（把这份地图存进你的“责任范围文件夹”。）

## △ 暂停，倒带

到这里，你应该已经捕捉了第一版的“人生目的”“愿景”“目标”“责任范围”，这些是比较高的视角，可以帮助你决定每天和每周要执行的项目和行动。

在我们开始介绍最下面的两层高度之前，先让我们花点儿时间回头看一下你在每层高度捕捉到的内容。这样做有助于你理清想法，可能会激发你产生新点子，加进各层高度中。

- 看着“责任范围”地图，有没有触发你想到新的可以加进“目标”地图的目标？
- 看着“责任范围”和“目标”地图，有没有触发你想到新的想要加进“愿景”地图的东西？
- 看着“责任范围”、“目标”和“愿景”地图，你有没有想到要修改或调整“人生目的”地图？

经过上面的反向思考之后，你有增加或修改什么地方吗？还是你看着目前的成果得出的结论是：“现在这样就已经很好？”

在一开始由上往下的思考中，你的大脑扮演了作者的角色。现在反过来从“专注高度”由下往上走，你的大脑运作方式有什么不一样？当你回过头来由下往上思考时，大脑的编辑角色便开始发挥作用。

这是怎么回事呢？

之所以会发生这种神奇的转变，是因为你把脑袋里的想法都捕捉出来，放进了一个外部系统（“专注高度”地图），这样你就能反思并检视这些想法。这套系统有正确的线索，让你在正确的时刻注意到正确的事，这点对你来说就是最重要的。

接下来让我们继续往下层走，看完最后两层高度：项目和行动。

伟大的成就不是靠冲动完成，而是一连串小事加在一起才完成的。

——凡·高（画家）

## □ 项目和行动

在前面的“搞定五步骤”中，你已经在“理清”的步骤学会把需要做出行动的杂事分别归入“项目”和“行动”；然后在“整理”的步骤又学会把项目放进项目清单，把行动放进日历和下一步行动清单。这两者是“专注高度”最底部的两层，而在你运用“搞定五步骤”的过程中，将会不断为这两层加入新的东西。

有些项目可能在你一收到时就很明确（例如：下周二前完成英文课的阅读报告），但有些项目可能需要你自己界定“完成的样子”（例如：上交研究报告、暑期打工、完成小区义工项目、录制一首歌曲）。这些需要靠你“自编、自导、自演”的项目会逐渐在你的项目清单上占据越来越多的位置。

行动层就是你要“做什么”，指所有你能实行的具体可见的行动。这一层常被称为“跑道”，是真正要脚踏实地做事的高度（例如：做数学第二章的练习题、帮狗洗澡、收拾房间、把签名回条交给老师、写读书报告的初稿、练琴）。

你在“搞定五步骤”制作的项目清单、日历和下一步行动清单，就是你在“专注高度”最下面这两层的地图。

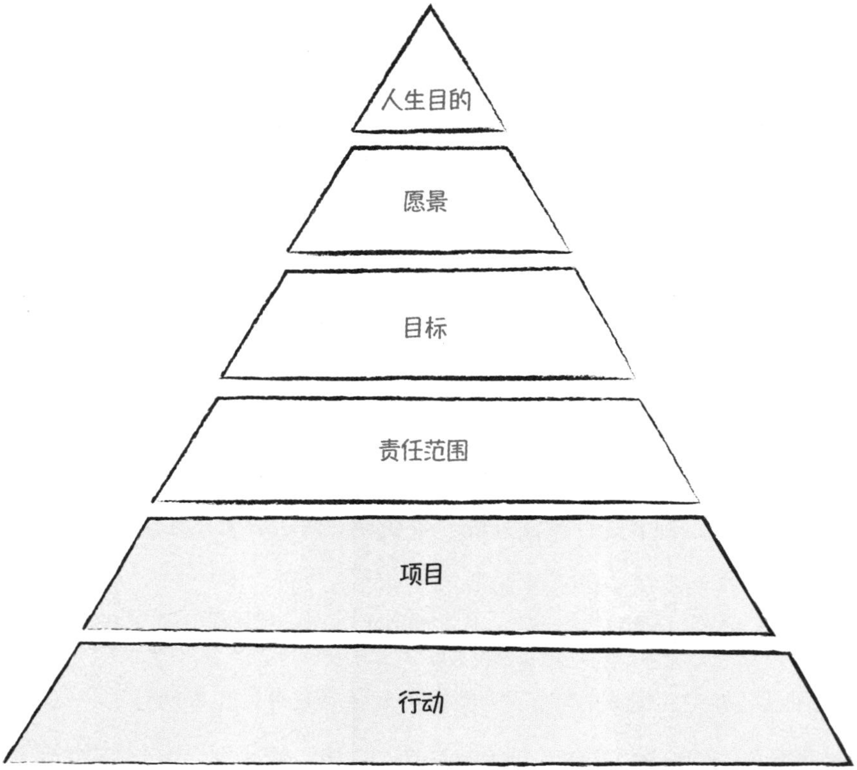


---

让事情开始的方法是停止说话，然后行动。

——沃尔特·迪士尼（迪士尼公司创办人）

---

△ 项目和行动地图

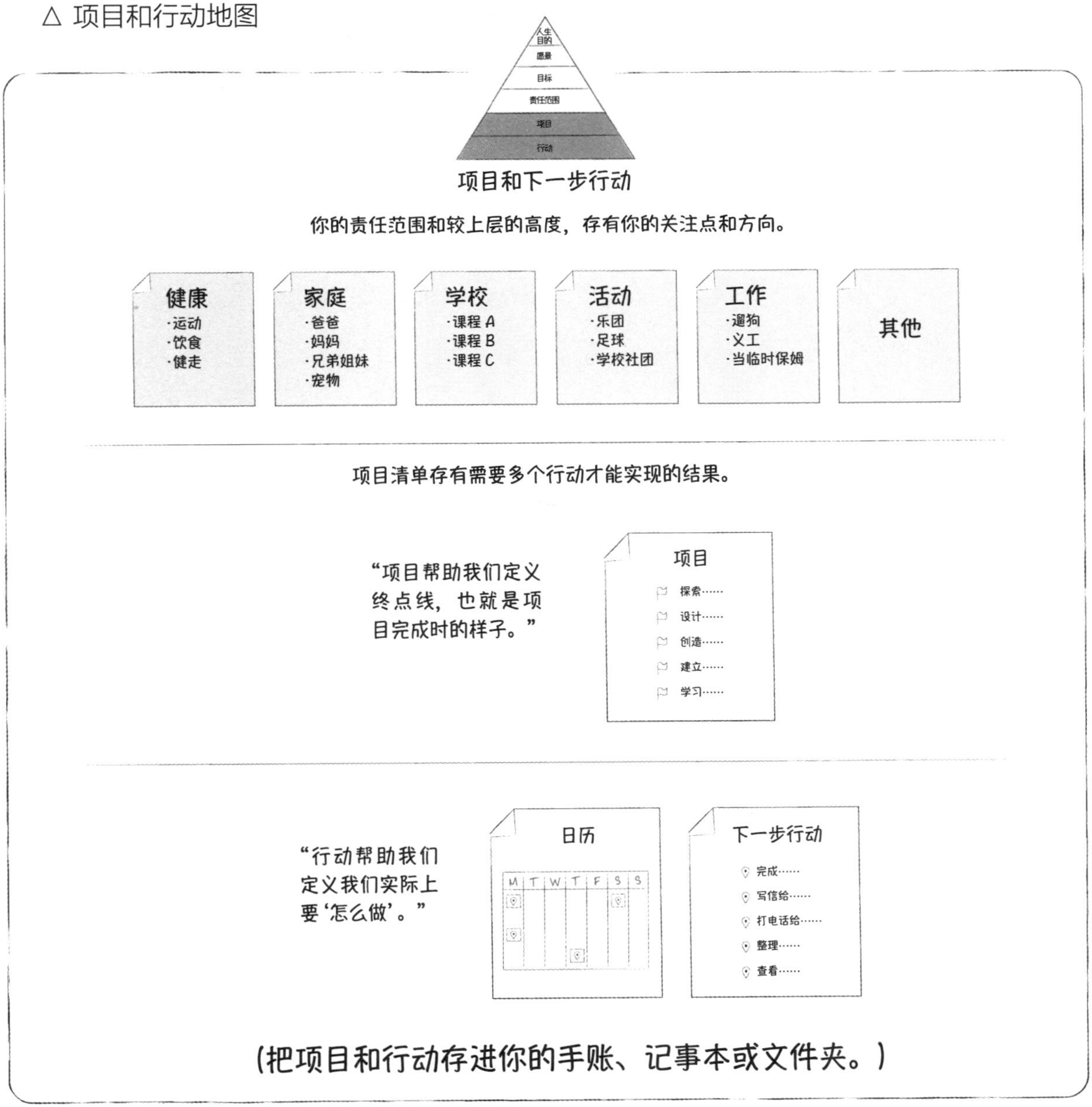
人生目的
愿景
目标
责任范围
项目
行动
项目和下一步行动
你的责任范围和较上层的高度，存有你的关注点和方向。
健康
·运动
·饮食
·健走
家庭
·爸爸
·妈妈
·兄弟姐妹
·宠物
学校
·课程 A
·课程 B
·课程 C
活动
·乐团
·足球
·学校社团
工作
·遛狗
·义工
·当临时保姆
其他
项目清单存有需要多个行动才能实现的结果。
“项目帮助我们定义终点线，也就是项目完成时的样子。”
项目
探索……
设计……
创造……
建立……
学习……
“行动帮助我们定义我们实际上要‘怎么做’。”
日历
M T W T F S S
下一步行动
完成……
写信给……
打电话给……
整理……
查看……
（把项目和行动存进你的手账、记事本或文件夹。）

做，或不做。不要浅尝辄止。

——尤达大师（《星际大战》角色）

### △“专注高度”总检视

第一次填完 6 层“专注高度”后，现在你手上有了一份第一版的地图，使你的行动与你判定为重要的事务衔接在一起，帮助你得到更深入的视角。

万一你还没捕捉到任何东西，或是你觉得有些高度的内容还不够完整，也不用担心。现在你知道这些层级的存在，而且初步体验过如何在这 6 层高度间上下移动，只要等你准备好，随时都能捕捉想法，编辑这些地图。

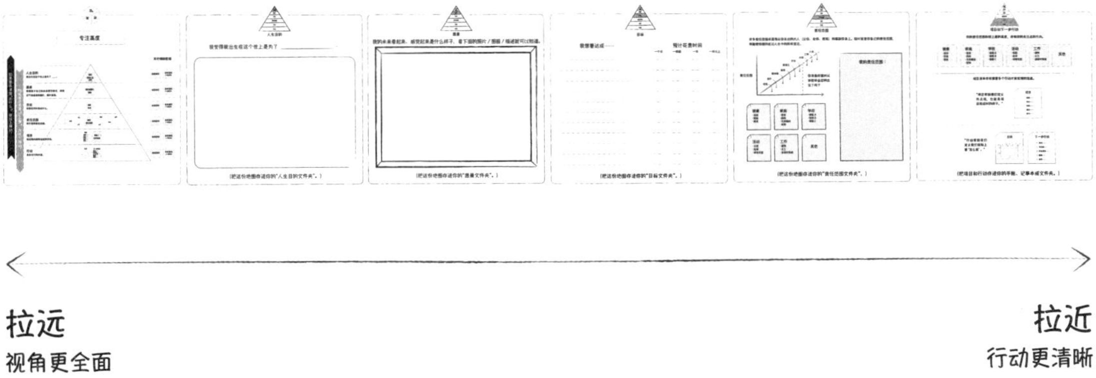


下面是运用“专注高度”的几个小秘诀。

- 如果你感觉人生停滞不前、面临艰难的抉择或陷入困境，你需要弄清楚该往哪个方向前进，那么就向“专注高度”的上层移动，这样你就能得到更清楚的视角，弄清楚“为什么”要做这些事。
- 如果你知道自己想去哪里，但是不知道如何让想法和理念落地，或是没有实现自己想要达成的目的，那么就向“专注高度”的下层移动，弄清楚“怎么做”才能把想法转化为行动。

- 你可以把“专注高度”地图加进每周检视的检查项中，用这些“专注高度”地图作为引子清单，确保自己持续更新每层高度中的内容。

每次检视、反思、更新“专注高度”的内容时，你都是在将人生目的、愿景、目标、责任范围、项目、行动这些点串联在一起，为你创造条件，活出最丰富、最有创意、最精彩的人生。

## △ 小结

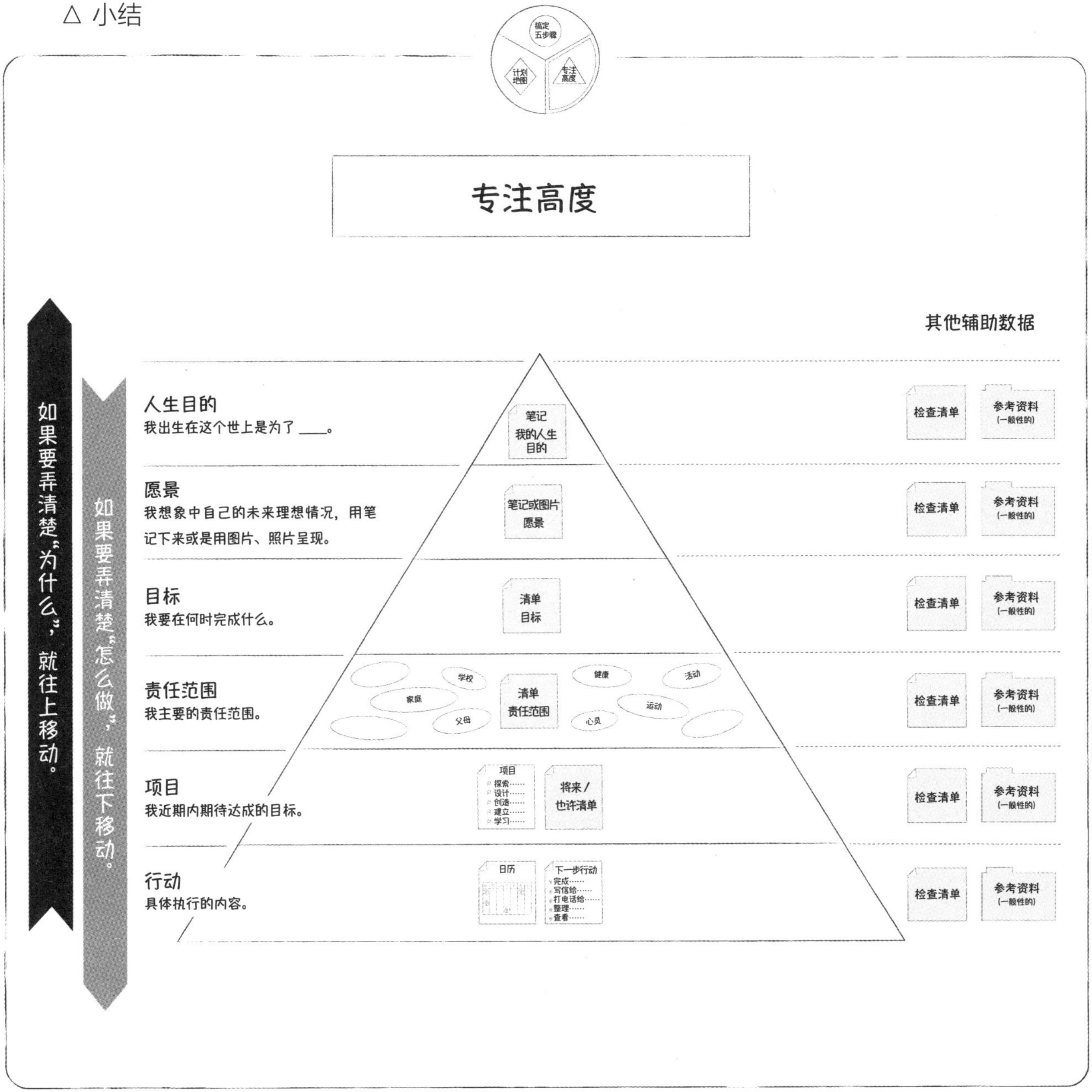
搞定五步骤
计划地图
专注高度
专注高度
如果要弄清楚"为什么"，就往上移动。
如果要弄清楚"怎么做"，就往下移动。
其他辅助数据
人生目的
我出生在这个世上是为了____。
笔记
我的人生目的
愿景
我想象中自己的未来理想情况，用笔记下来或是用图片、照片呈现。
笔记或图片
愿景
目标
我要在何时完成什么。
清单
目标
责任范围
我主要的责任范围。
学校
家庭
父母
健康
活动
运动
心灵
清单
责任范围
项目
我近期内期待达成的目标。
项目
探索……
设计……
创造……
建立……
学习……
将来/也许清单
行动
具体执行的内容。
日历
下一步行动
完成……
写信给……
打电话给……
整理……
查看……
检查清单
参考资料（一般性的）

“专注高度”这个金字塔模型可以帮助你获得视角，它包含了6个不同的高度，每一层能让你从不同的角度去看人生。在其中上下移动，有助于你看清楚全貌或是增加行动力。

## 关键词

- 专注高度
- 人生目的
- 愿景
- 目标
- 责任范围

## 想一想，或是找人讨论这些问题

- 你在哪一层高度花最多的时间思考？在哪一层高度花最少的时间思考？
- 在你目前的人生阶段，你觉得哪一层高度最难理清？
- 在你的生活中，你有没有什么事情需要弄清楚“为什么”或“怎么做”，是可以试着套用“专注高度”模型的？
- 你认为哪一层高度对于你和你的同龄人来说最困难？为什么？

## ● 计划地图：把想法变成现实

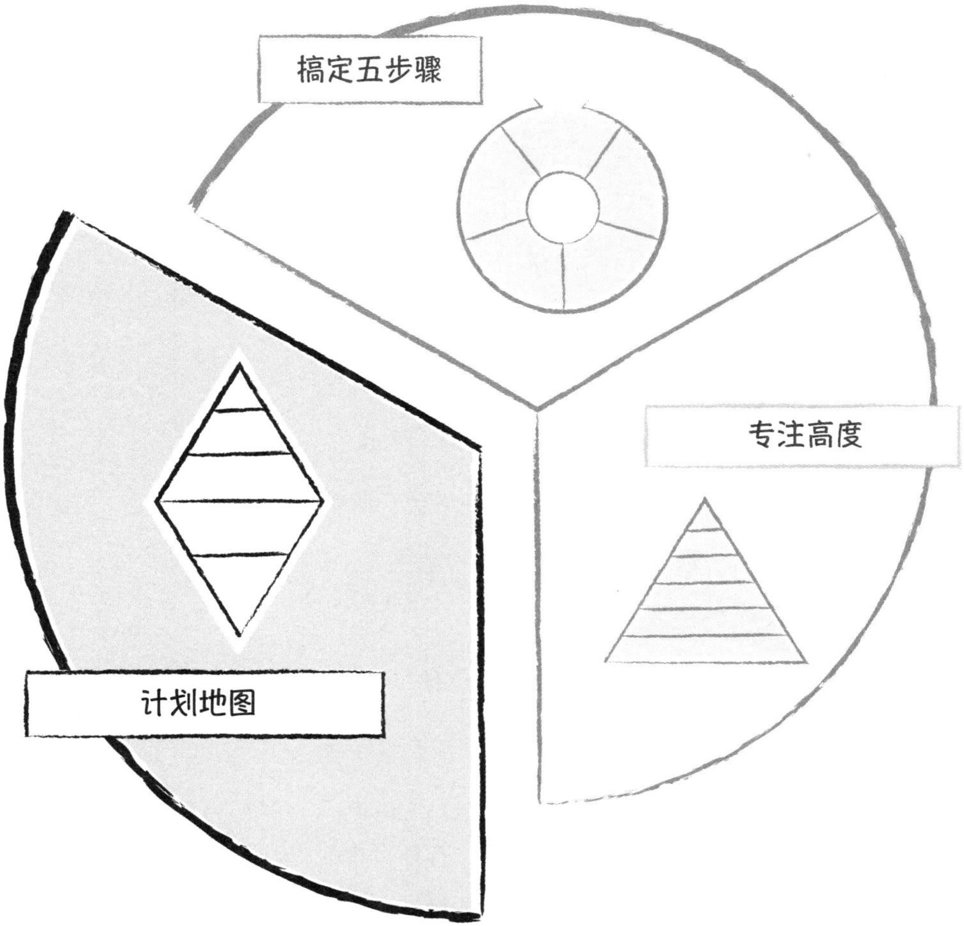

## 计划地图

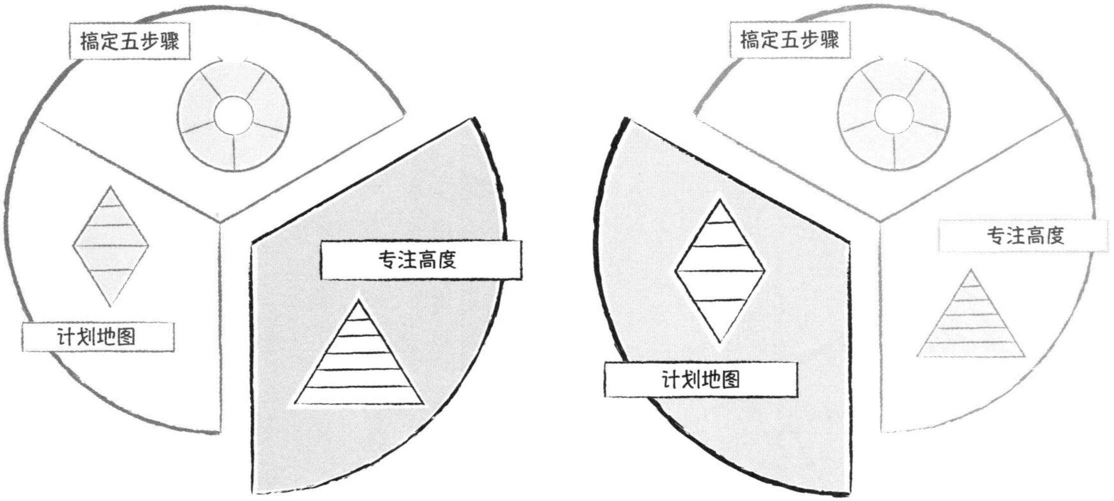


到现在，在 GTD 的三大工具中，我们已经学会了两项。第一个工具是“搞定五步骤”。我们学会了运用“搞定五步骤”，以及由此来取得掌控力，并且在有需要时可以运用“搞定五步骤”重新回到准备好了的状态。

第二个工具是“专注高度”，它能帮助你获取视角，你也可以学会如何在不同高度间上下移动、拉近或拉远。

现在我们要介绍第三个工具——“计划地图”。

计划地图是个简单却有力的思考工具，不论在什么情况下，这项工具都能大显身手，像是写报告、解决问题、写大学论文、与同学合作做项目、准备课堂简报，都能用它取得事半功倍的效果。让我们来看看为什么这个工具这么强大。

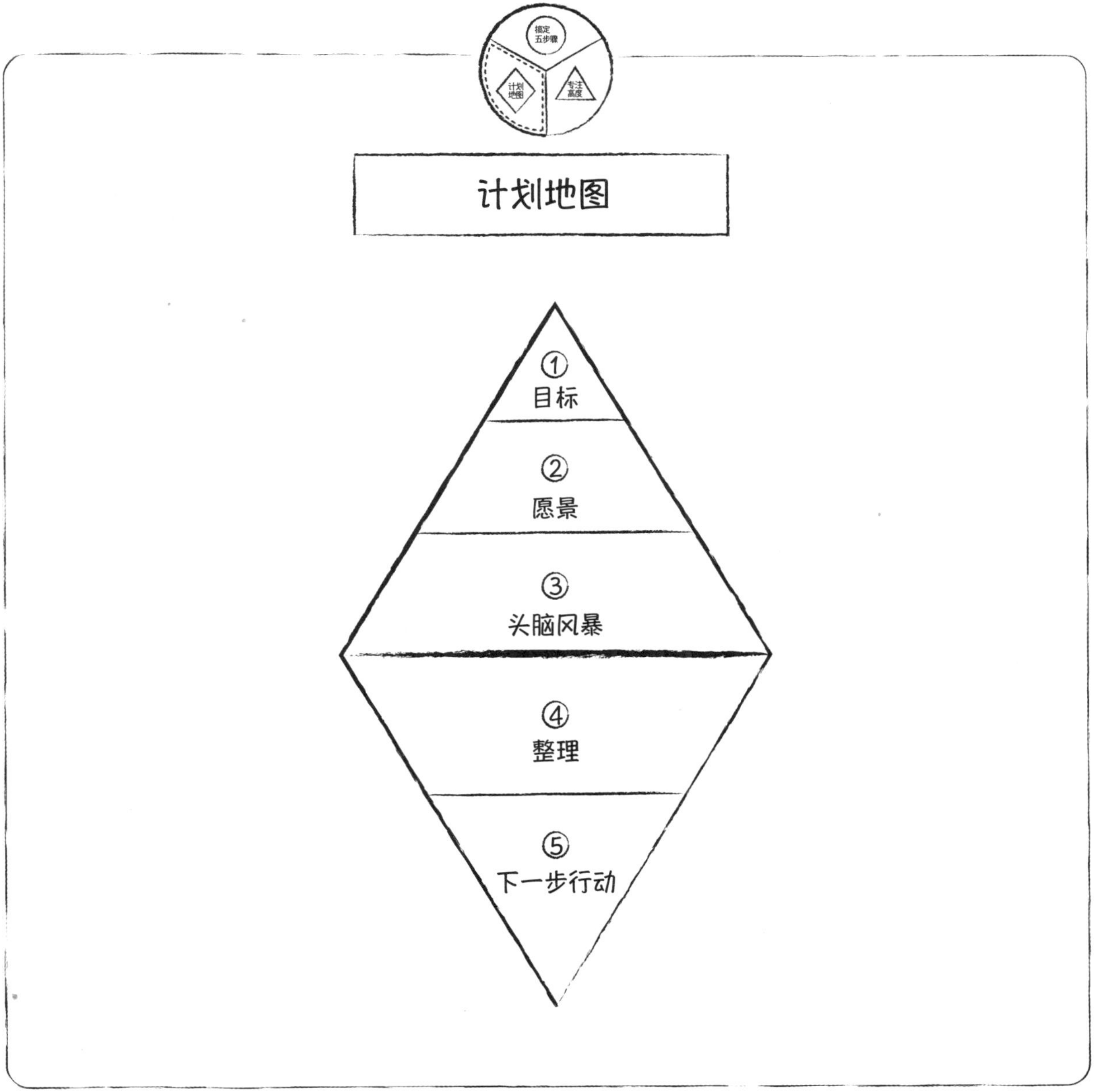
搞定五步骤
计划地图
专注高度
计划地图
①目标
②愿景
③头脑风暴
④整理
⑤下一步行动

## 自然计划模式

我们大脑的本领特别强，人类创造的所有事物全都源自大脑中的想法。接下来要介绍的“计划地图”，就是一个模仿大脑自然运作方式的工具，它能用最快速、最自然的流程去做计划，让你几乎感觉不到它的存在。“计划地图”包含 5 个步骤，无论你想要完成什么任务或是实现什么预期结果，你的脑袋应该都会自动跑过这 5 个步骤：

1. 定义目标、原则与标准。
2. 想象预期结果的画面。
3. 头脑风暴。
4. 整理。
5. 定义下一步行动。

让我们来看一个例子，了解这些步骤如何自然而然发生。

现在是星期五的傍晚，你打算和朋友一起去看电影。请注意，你已经确定了一个预期的结果：和朋友一起去看电影。在前面的“搞定五步骤”中，你已经学到，明确定义的结果有利于你的大脑展开工作，这等于搭建好了让你的大脑一展身手的舞台。你的大脑将进入计划模式，开始探寻重要的相关信息，如：为什么要去看电影？是什么让你想到要去看电影？

这个问题可能有好几个答案，例如：

- 你想要和朋友一起小聚一下。
- 你很期待去看某个系列电影的最新一集。
- 你想要有机会可以坐在你暗恋的人身边。

你的答案将确定你的目的，并且启动大脑内的计划程序。让我们假设在这个例子中，你的目的是和朋友一起度过愉快的时光。

接着，你的大脑会进到下一个问题：你有没有需要遵守的标准？标准为你的计划设下界线，你的大脑会把思考范围限制在这些界线之内。比方说你的父母可能说过："只要在晚上 10 点以前到家，你就可以去看电影。"这个标准就是你思考和计划的边界。

目的和标准决定了你的预期结果的边界。

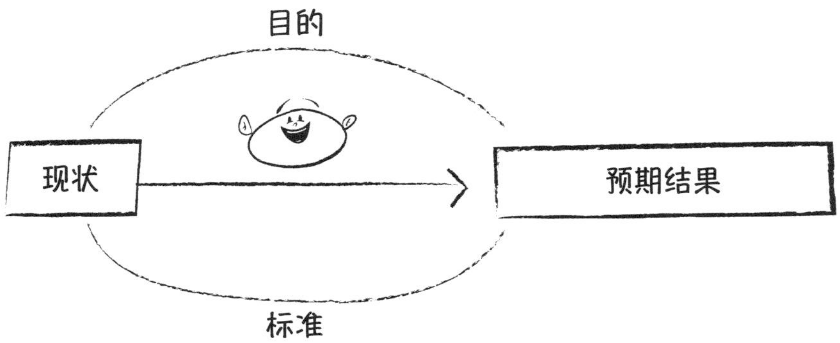


当预期结果、目的和标准都弄清楚后，接下来你的大脑会问："你想象中的无比成功的景象是什么样子的？故事会怎么发展？"

你或许会得出类似下面的这些答案。

- 和朋友一起开怀大笑，玩得很开心。
- 抢到位置绝佳的电影票。
- 一边看电影一边享受零食。
- 我看起来美美的。

这些就是你对这个电影之夜的愿景。

现在你的目的、标准和愿景都确定了，你的大脑会开始生成各种信息，来帮助你实现去看电影的预期结果。脑子里出现各种信息，天马行空，没有特定顺序。这种随机的思考过程，是很自然和正常的，称为"头脑风暴"。下面有一些例子：

- 电影是几点开演?
- 还有谁要去?
- 我要穿什么衣服?
- 几点集合?
- 我该带多少钱去?
- 我最喜欢的那件红衬衫是干净的吗?

在你决定了预期结果以后，这些问题自然会出现在你的创意思考过程中。等到生成了足够多的想法和细节，你的大脑会自动开始整理。

- 首先，我必须查出哪些电影正在上映。
- 其次，我得确认哪些人能去。
- 我需要有人开车送我去电影院并送我回来。
- 我要打电话给朋友，看看能不能向他借夹克。

最后，如果你确定要去看电影，你的专注力就会转移到下一步该采取什么行动上，去实现这件事。

- 让我建个微信群发消息给朋友们，附上电影介绍和场次时间给大家选择。

在你完成任何事情时，你都会很自然地经历下面 5 个计划阶段：

1. 你很想让某件事成真。
2. 你想象出结果呈现的样子。
3. 你开始产生各种相关的想法。
4. 你按照一个框架整理这些想法。
5. 你找到一个具体可见的行动，开始落实这件事。

最神奇之处在于，在这个过程中你不必太费力气去思考，所以我们为何不把这个自然计划模式应用到别的地方？只要利用“计划地图”，你就能在任何时候拥有并复制这股神奇的力量。

## 深入探索计划地图

“计划地图”这个工具，可以帮助你驾驭自然计划模式的力量。

对于需要做计划的大事（例如：读书报告、小区服务计划、童军活动、科学研究计划等），“计划地图”都可以让你事半功倍。任何项目、状况或目标，都可以用“计划地图”来理清。而且，对于这个工具，你会越用越顺手，用得更顺手后，你就会更喜欢用。

为了方便说明，假设你有个朋友叫作梅根，她有一份研究报告要交，这份报告需要多个下一步行动才能完成，因此她给这个项目起了一个名字，然后将其加入她的项目清单。

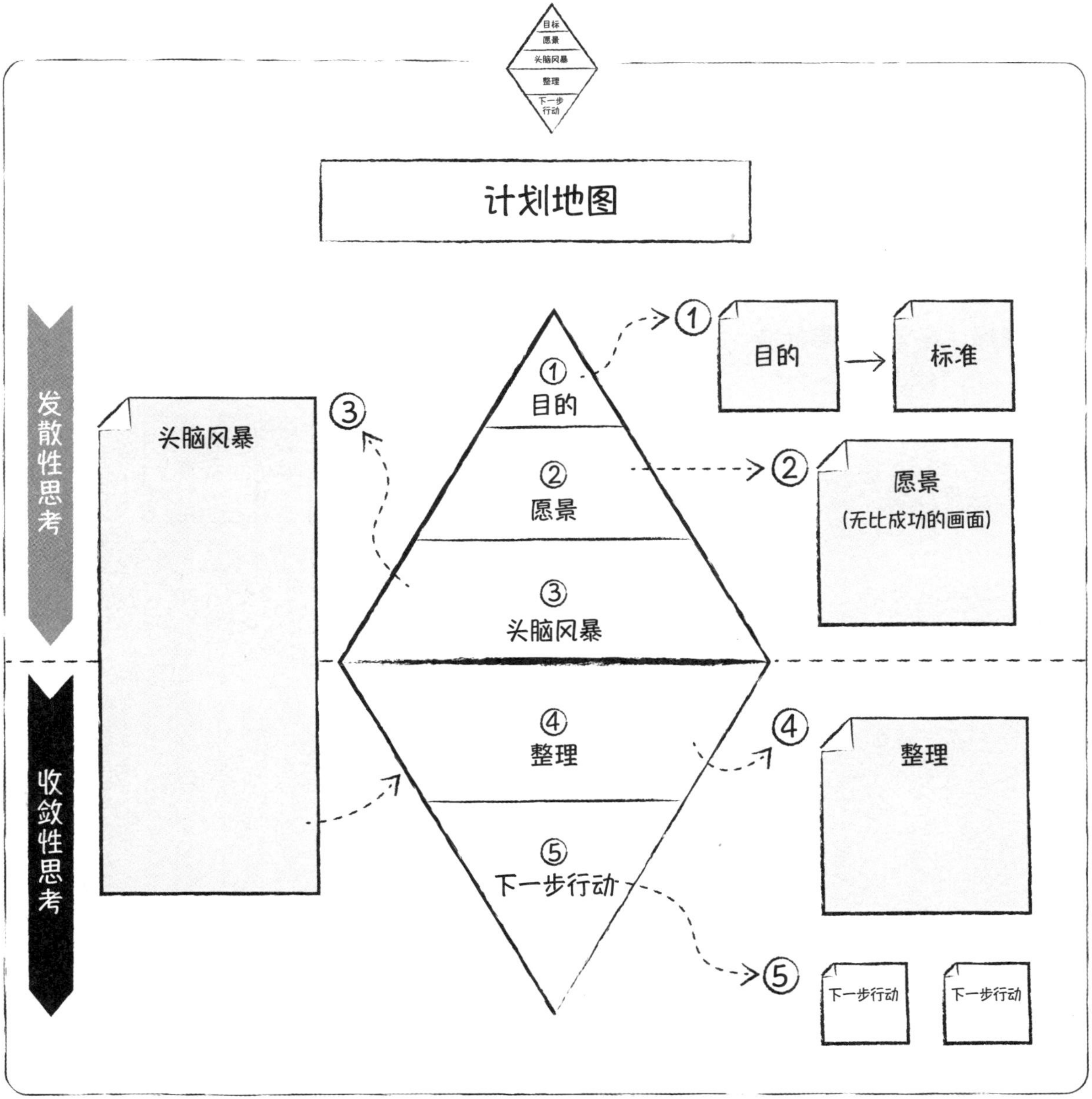

目标
愿景
头脑风暴
整理
下一步行动
计划地图
发散性思考
收敛性思考
头脑风暴
③
①
目的
②
愿景
③
头脑风暴
④
整理
⑤
下一步行动
①
目的
标准
②
愿景
（无比成功的画面）
④
整理
⑤
下一步行动
下一步行动

**项目：**交出一份关于大王乌贼的优秀研究报告

定义出预期成果之后，现在让我们来看看，她可能会如何利用“计划地图”来思考这个项目。

## □ 目标：定义原则与标准

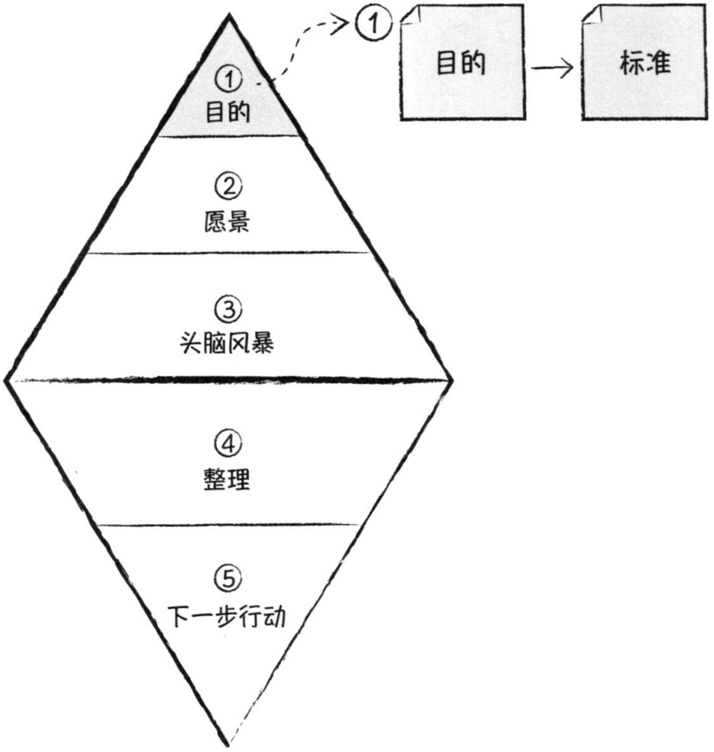

“目的”是行动的原因：“为什么我要做这件事？”

“标准”定义界线：“有哪些规则？”

梅根从思考目的开始，她看着地图想了一会儿，然后写出如下内容：

> 交出一份很棒的报告，主题是我感兴趣的大王乌贼。因为这份报告的分数占了学期成绩的一半，所以我要全力以赴，才能在这门课上拿到好成绩。

接下来她进入地图的下一个部分，问自己：“有没有什么不能忘记的标准？”

她捕捉到并写下这些标准：

> 老师说过必须是原创作品，不能抄袭网络或其他任何地方。她还说至少要有 500 个字、双倍行间距、用电脑打印。

弄清楚目的和标准后，梅根继续往下进入地图的“愿景”部分。

## □ 愿景：想象预期结果的画面

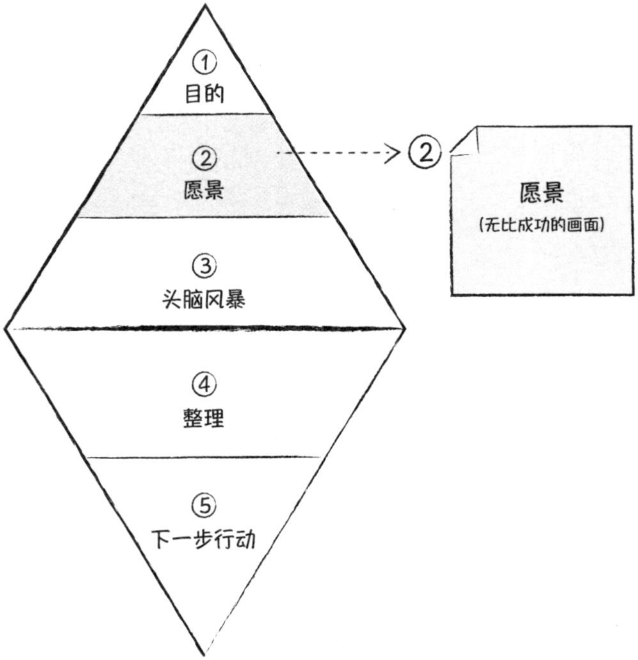


愿景是对结果的详细描绘，“无比成功”看起来和感觉起来是什么样子？梅根想到的是：

报告写得太好了，老师特地把我叫过去说：“做得好！很出色！”我要把我从上一篇报告中学到的东西都用进去。具体的做法是，不要写完就把初稿马上交上去，我要自己校对一遍初稿，还要找人看一遍。然后我会修改，改到第二版或第三版再交出去。

## □ 头脑风暴

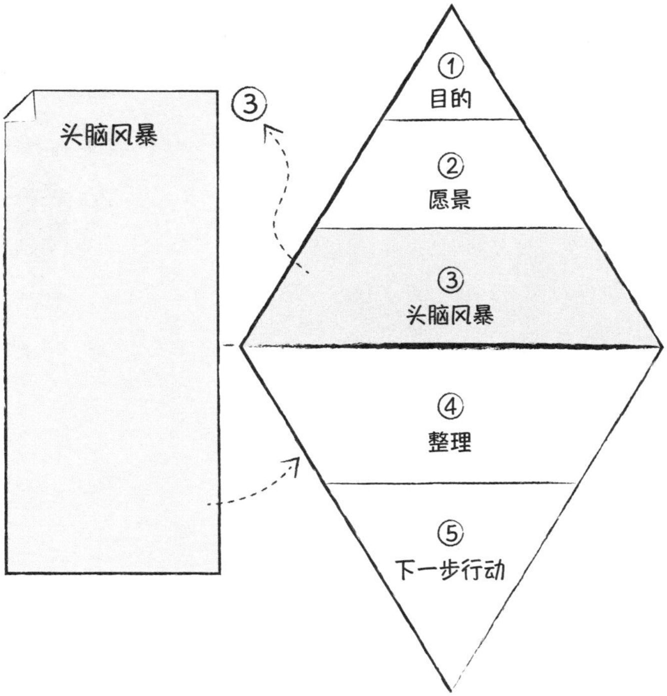


在头脑风暴的阶段，大脑开始产生并把各种想法摆出来。要实现这件事，你脑中会出现哪些想法呢？

梅根在明确了成功的愿景后，把目光焦点移动到地图的左侧，写下所有可能帮助她实现愿景的点子。

• 去图书馆借一些介绍乌贼的书。

- 上视频网站搜寻大王乌贼的视频。
- 到网上搜寻图片和照片。
- 制作这个项目的索引卡片。
- 在日历上排出写报告的时间。
- 访问研究乌贼的专家?
- 问一下约翰能不能帮我看稿子。

梅根放下笔，对自己用这么短的时间取得这么多进展而感到很满意。带着“头脑风暴”的丰硕成果，梅根准备好进入地图的下一个部分。

## □ 整理

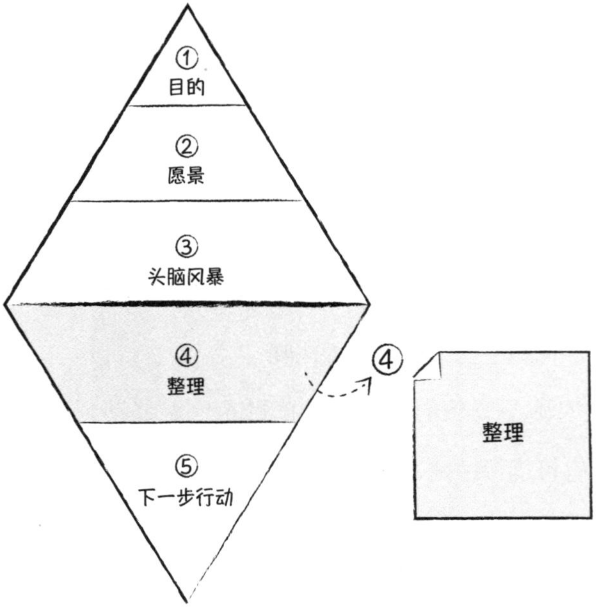

“整理”是指把实现目标所需的各个组成部分、各种类别的东西或事件的顺序写出来。有些老师在布置作业的时候会提供参考模板，帮助你整理想法（例如：读书报告模板、实验报告模板等）。

梅根看着通过“头脑风暴”得来的清单，发现其中有些性质相近的东西，于是开始把这些东西归类。

- 收集资料：去图书馆借一些有关乌贼的书，上视频网站搜寻大王乌贼的视频，寻找图片，以及访问研究乌贼的专家。
- 写作：制作索引卡片，在日历上排出写报告的时间。
- 校稿：问一下约翰能不能帮我看稿子。

她快速比对了一下，确认这份计划符合她的目标、原则、标准和愿景。一切看起来都很好，她觉得进展得很顺利。

## □ 下一步行动

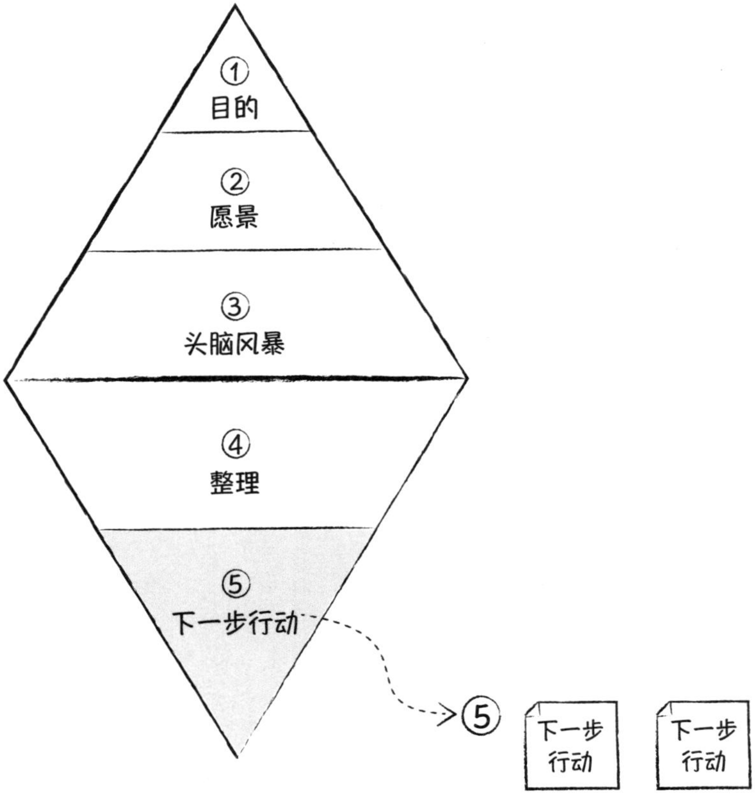

现在梅根已经准备好进入地图的最后一个部分，也就是完成项目所需的下一步行动。梅根看着自己整理出来的计划，很快确定了下一步行动：

上优兔网搜寻大王乌贼的视频

她把这件事加进她的下一步行动清单，准备晚点儿再做，因为现在她该去打网球了。在前往网球场的路上，梅根注意到她比上一次练习的时候要镇定许多。虽然要完成这个项目还有很多事情要做，但是她觉得自己已经前进了一大步。

她又想到一件事：历史课的小组报告目前停滞不前，但是她也想让这份报告拿到好成绩。于是她用手机捕捉了一条笔记，放进她的数字收集篮。

尝试用“计划地图”为历史课的小组报告做计划。

叮咚！这件事现在存进她的追踪系统里了。

梅根带着清醒的头脑踏入网球场，心里只想着一件事：网球。**她准备好了。**

**越用越顺手**

要学会善用“计划地图”这个工具，最好的方式就是多用、多练习。下面是一些你可以应用“计划地图”的例子。

- 计划暑假和家人一起去探险。
- 为你最喜爱的运动或活动拟定练习计划。
- 写大学申请书。
- 建立或更新你的“责任范围”地图。
- 建立或更新你的“目标”地图。

你也可以搭配不同的捕捉和整理工具，像是：

- 制作一份思维导图。
- 用一块大白板。
- 在墙上贴便利贴。
- 用一块大的软木板。

对于我们的世界，你厉害的大脑里有哪些了不起的点子？快点用“计划地图”和你先前创造出的“留白”让这些点子变成现实吧！

---

这个世界就是供我们挥洒想象力的画布。
——亨利·戴维·梭罗（作家、哲学家）

---

## △ 小结

“计划地图”这个工具可以帮助你取得掌控力和视角，而且几乎对任何事都适用，不仅可以用来计划项目，也能用在“专注高度”的较高层级。这个工具模仿大脑的自然计划模式，分成 5 个阶段，每个阶段有各自的流程。

### 关键词

- “计划地图”
- 头脑风暴

### 想一想，或是找人讨论这些问题

- 在你的生活中，有哪些事可以马上用“计划地图”得到益处？
- 根据以往的经验，有哪些项目可能会因为用了“计划地图”而变得更好？

## △ 结语

### 准备好迎接胜利

恭喜你走到了这里。你学会了去注意吸引你注意力的东西，学会了聆听大脑发出的讯号，学会了小心避开陷阱。

学会了通过执行“搞定五步骤”掌控杂事。

学会用“专注高度”获得视角。

学会用“计划地图”做项目计划。

获得掌控力和视角。

找到自己准备好了的状态。

现在你已经准备好了，你要用新获得的掌控力和视角做什么呢？

你想让什么成真？

你最想做什么？

你想在这个世上留下什么样的足迹？

你有答案了吗？

很好。

去吧！去实现你的想法。

你确实**准备好了**。

我们相信你做得到。

# 第三部分　实验室

# 实验室

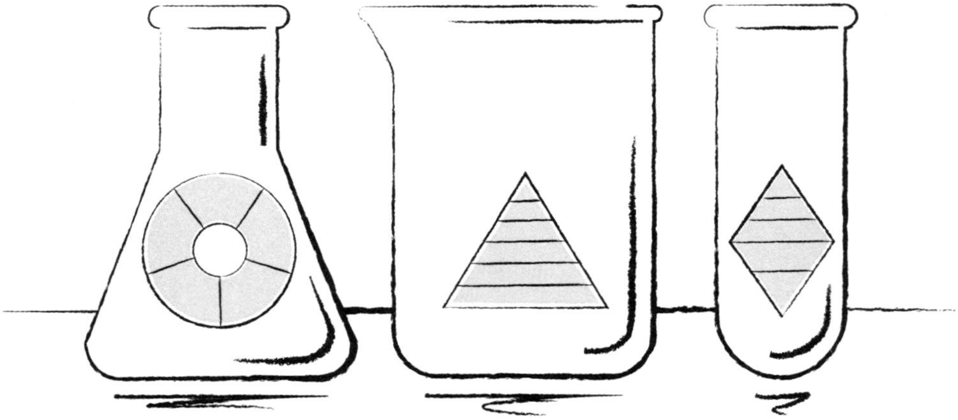

△ 欢迎来到实验室！

这个部分会提供许多小妙招，供你尝试，你也可以对其加以调整，再将其融入自己可靠的系统。你会觉得压力很大吗？你在散步时会感觉更加有灵感吗？在这两种情况下，都有可供你尝试的点子。你可以试试看，本部分收集的点子哪些是对你适用的，然后采用适合自己的，忽略不适合的。我们这个实验室精心收集的每个点子都经过实践证明是有效的。

我们建议，先快速浏览一遍整个实验室的内容，看看哪些点子第一眼就会引起你的共鸣。从小事开始，看到想要尝试的就放手去试吧！记住要经常复习这部分的内容哦！因为时过境迁，你的情况和经验也会随着时间而改变，你或许会发现在人生的不同阶段或转折点，不同的方法会有不同的功用。

祝你实验愉快！

## ● 搞定五步骤的应用

### □ 边散步，边做头脑大扫除

**想一想：**

你是不是觉得你在移动的时候想事情特别清楚？

**应用技巧：**

步骤 1：捕捉

**效果：**

换个方式除去造成分心的杂事，清空大脑。对于喜欢边走边思考的人特别有效。

**具体做法：**

到外面走走（10~15 分钟就够了），记得带上你的捕捉工具，但不要选择可能会使你分心的捕捉工具（例如：有消息提醒的手机）。走一走，放松心情，让你的思绪天马行空。想到需要注意的事情时就写下来。一路上边走，边想，边记录。

**实验内容：**

尝试一个星期，不要在散步时做头脑大扫除。

尝试一个星期，每天在散步时做头脑大扫除。

**观察点：**

不散步的时候，你有什么感觉？

散步的时候，你有什么感觉？

你捕捉到多少个事项？

在每天的散步过程中，你注意到的东西有什么相同或不同之处？

## □ 用大收集篮捕捉

**想一想：**

你的生活中是不是有些区域混乱不堪，非常需要清理？像是衣柜？车里？体育用品袋？抽屉？储物柜？

**应用技巧：**

步骤 1：捕捉步骤

步骤 2：理清

**效果：**

用最少的力气清理混乱不堪或难以整理的地方。

**具体做法：**

找一个特别大的临时收集篮，像是洗衣篮或塑料水桶，把不属于这个地方的所有东西统统丢进去，不要一件件慢慢“打扫”。现在，你不需要做任何决定，也不需要把东西整理到其他地方，只要把杂物都放进大收集篮。然后，再把收集篮拿到别的地方，再来进行“理清”（使用转化器），加工收集篮里的杂事。

**实验内容：**

尝试清理一小块你想要整理的空间（例如：抽屉）。

尝试清理比较大的空间（例如：衣柜、车库、地下室）。

**观察点：**

清理过的空间让你感觉怎么样？

你花了多少时间用于清理？

把东西先放进收集篮，再拿到别的地方后，会不会比较容易处理？

## □ 捕捉压力

**想一想：**

你是否感到压力很大，或是觉得自己超负荷了？

**应用技巧：**

步骤 1：捕捉

步骤 2：理清

**效果：**

把造成压力的事情写下来，“捕捉”在纸上。写在纸上之后，你的大脑就能清楚地看见这些事，就能开始“理清”，判断需要采取什么行动来解决这些事情。

**具体做法：**

拿起纸笔开始写，或是找个朋友坐下来谈谈，把带给你压力的所有事都说出来。请朋友帮忙“捕捉”你说的每件事，但是请对方不要发表任何意见，只要弄清楚不明白的地方就好。在这个阶段，你还不需要解决任何事，只要把你脑袋里的所有想法转移出来就好。完成之后，再看着你列出的清单，用“理清”步骤（使用转化器）处理清单上的杂事。

**实验内容：**

尝试自己一个人进行上述头脑大扫除的任务。尝试找个搭档一起进行。

**观察点：**

通过头脑大扫除，把脑袋里的东西全部“倒”出来的感觉如何？经过“理清”之后，你有什么感觉？

## □ 捕捉忧虑

**想一想：**

你是否有烦恼？

**应用技巧：**

步骤 1：捕捉

步骤 2：理清

**效果：**

通过头脑大扫除，帮助你卸下心里的杂事。

**具体做法：**

拿起纸笔开始写，或是找个朋友坐下来谈谈，把让你忧虑的所有事都说出来。请朋友帮忙“捕捉”你说的每件事，但是请对方不要发表任何意见，只要弄清楚不明白的地方就好。在这个阶段，你还不需要解决任何事，只要把你脑袋里的所有想法转移出来就好。完成之后，再看着你列出的清单，用“理清”步骤（使用转化器）处理清单上的杂事。

**实验内容：**

尝试一个人进行上述头脑大扫除的任务。尝试找个搭档一起进行。

**观察点：**

透过头脑大扫除，把脑袋里的东西全部“倒”出来的感觉如何？经过“理清”之后，你有什么感觉？

## □ 睡前头脑大扫除

**想一想：**

你会不会入睡困难?

**应用技巧：**

步骤 1：捕捉

**效果：**

在睡觉前，把心里想的东西写下来，可以帮助你放下心事。写在纸上之后，你的大脑就能清楚地看见这些事。当你的大脑能清楚地看见这些事之后，你就可以放轻松了。

**具体做法：**

拿纸笔写下你心里想着的事。

在这个阶段你不需要试着解决任何事，只要把你脑袋里的所有想法“倒”出来。第二天早上，进行“理清”（使用转化器），理清写下的杂事。

**实验内容：**

尝试连续几天进行上述头脑大扫除的任务。

尝试找个搭档一起进行。

**观察点：**

把引起你注意的事捕捉在纸上的感觉如何？

进行几天之后，你有什么感觉？

## □ 在床边放捕捉工具

**想一想：**

你是否曾经在半夜因为想到某件事而惊醒？

**应用技巧：**

步骤 1：捕捉

**效果：**

把让你惊醒的事写下来，可以帮助你放下，回头继续睡。养成习惯以后，你的大脑会越来越确信早上醒来会看到这件事，你就会更容易放松。

**具体做法：**

在床边放纸笔。

如果是有念头让你惊醒，就写下来。

然后回去继续睡觉。

第二天早上，把写下来的东西放进你的收集篮。找时间进行“理清”（使用转化器）。

**实验内容：**

在床边放纸笔，把让你睡了一半醒来的事情写下来。

**观察点：**

把事情写下来再回去睡觉，这种做法对你有什么影响？进行几天之后，你有什么感觉？

## □ 读书计划

**想一想：**

你是否有一个大型的读书计划要完成？

**应用技巧：**

计划地图

步骤 4：整理

**效果：**

帮助你将大型的读书作业（阅读小说、教科书等）整理为可行动的计划。

**具体做法：**

拿出你的日历及要读的书。

在日历上选一个要把书读完的目标日期。

算一算从现在起到目标日期有几天。

根据天数平均分配要读的页数（页数除以天数）。

在日历上填入每天要读到的页数，以便追踪这个计划。

例：一本 200 页的书 / 花 10 天读完＝每天要读 20 页。在日历的第一天写上第 20 页，

第二天写第 40 页，第三天写第 60 页，依此类推。

这份写在日历上的计划就是你的地图，它能让你知道你每一天该读到哪里，即使忙着做其他事情也能安心。

**实验内容：**

尝试用这种方法拆解大型的读书计划。

**观察点：**

你对自己的计划感觉如何？

你的计划是不是能让你在阅读以外的时间感觉更安心？

“每天按照计划阅读”和只是“阅读这本书”，你觉得这两种方式有什么不同？

你能够一次完成每天的阅读量吗？是否需要拆分成多个时间段来读？

## □ 整理书包

**想一想：**

你知道你的书包里面有哪些东西吗？

**应用技巧：**

步骤 1：捕捉

步骤 2：理清

**效果：**

把杂七杂八的东西从书包里倒出去，找出可行动的杂事（例如：需要家长签名的纸条），让你在家里和学校都能一切顺利。

**具体做法：**

拿出上学用的书包。

倒出里面所有的东西。

判断哪些东西属于 REDS，其他的都是杂事。

进行“理清”（使用转化器）。

把杂事分成“可行动”和“不可行动”两类。

如果是可行动的那一类，就捕捉下一步行动，或是直接采取下一步行动（两分钟法则）。

**实验内容：**

尝试在星期天，也就是每周上学的前一天整理书包。

尝试在星期五放学回家后整理书包（把书包清空，整理后再装好）。

**观察点：**

你在书包里面找到可行动的杂事了吗？

你在书包里面发现需要丢弃的垃圾了吗？

整理完后，你有什么感觉？

做这件事对你平常的上学日有什么影响？

## □ 用便利贴升级手账

**想一想：**

你一直在写手账吗？里面有没有你需要用到的清单和地图？如果没有，就自己改造吧！

**应用技巧：**

步骤 1：捕捉

步骤 3：整理

步骤 4：回顾

**效果：**

让你的手账更完整，包含所有重要清单——下一步行动清单、项目清单、将来 / 也许清单。

**具体做法：**

大部分的手账都附有日历，只是格式可能略有不同。

插入一张便利贴，用于捕捉想法。

插入一张便利贴，当作你的下一步行动清单。

插入一张便利贴，当作你的项目清单。

插入一张便利贴，当作将来 / 也许清单。

任何手账都可以被改造成你个人专属的“搞定手账”。

**实验内容：**

用便利贴做成各种清单来升级你的手账。

**观察点：**

手账中的各个部分，哪些对你很有帮助？哪些没有帮助？

所有清单都放在同一个地方的感觉如何？

将所有清单放在一起，是否让你更容易进行每周检视？

## □ 音乐创作灵感

**想一想：**

你脑袋里有音乐创作灵感吗？是不是有很多未完成的音乐项目呢？

**应用技巧：**

步骤 1：捕捉

步骤 2：理清

步骤 3：整理

步骤 5：执行

**效果：**

帮助你把音乐创作灵感从脑袋里移到一个你信任的外部系统。

**具体做法：**

用手机的录音 App 或其他录音装置捕捉音乐创作的灵感。

建立一个专属的音乐灵感文件夹（例如在电脑上新建一个存放 MP3 档案的文件夹）。

安排时间进行“理清”，把你的音乐灵感存进去。

整理你的音乐项目，放入专属的项目文件夹（例如：歌曲 1、歌曲 2）。

制作一份项目清单，列出所有曲子。

决定每一首曲子的下一步行动来推动进度（例如：为歌曲 2 录制间奏）。

**实验内容：**

为你的音乐创作灵感建立一套捕捉 / 理清 / 整理系统。

**观察点：**

音乐创作灵感和其他类型的杂事有不一样的地方吗？

为音乐创作灵感建立“捕捉”系统后，你感觉怎么样？

可不可以把“计划地图”这个工具用在你的音乐创作灵感上？

## □ 和朋友一起捕捉 / 理清 / 整理

**想一想：**

你喜欢和其他人一起做事吗？有没有哪个朋友或长辈跟你有相同的感受？

**应用技巧：**

步骤 1：捕捉

步骤 2：理清

步骤 3：整理

**效果：**

帮助你练习基础思考加工，给别人一些建议，同时也听取别人的建议，让你从新的角度去看自己的思考过程。

**具体做法：**

找一个愿意和你搭档的朋友、长辈或家人。

花 5 分钟捕捉引起你注意的事，写下来放进收集篮。

请你的搭档协助你对你捕捉到的每一件事进行“理清”（使用转化器）。

请你的搭档帮忙确认你已经做出明确的决定，完成杂事的转化并找出具体的下一步行动。

直到清单上的杂事全部完成。

现在互换角色，轮到你帮助搭档做同样的事了！

**实验内容：**

尝试和搭档一起捕捉／理清／整理。

尝试自己一个人捕捉／理清／整理。

再尝试和搭档一起做。

**观察点：**

这两种体验有什么不同？

当搭档引导你使用转化器时，你有什么感受？

你在引导搭档使用转化器时，有什么感受？

## □ 和小伙伴一起进行每周检视

**想一想：**

你喜欢和其他人一起做事吗？有没有哪个朋友或长辈跟你有相同的感受？

**应用技巧：**

步骤 4：检视

**效果：**

帮助你练习每周检视。

**具体做法：**

找一个愿意和你搭档的朋友或家人。

一起进行每周检视。

**实验内容：**

尝试自己一个人进行每周检视。

尝试和搭档一起做。

**观察点：**

这两种经验有什么不同？

你比较喜欢哪一种？

在每周检视时，出现了哪些问题？

## □ 限时冲刺实验

**想一想：**

你是不是偶尔会有拖拉的毛病？

**应用技巧：**

步骤 5：执行

**效果：**

帮助你在短时间内专心做事，把焦点放在“做”而不是“完成”上。

**具体做法：**

用计时器设定 5 分钟、10 分钟或 15 分钟。

选择一个要执行的行动（例如读书）。

开始计时。

全力专注地执行你选择的行动，直到计时器响起。

冲刺结束，短暂休息一下（例如 5 分钟）。

进行第二轮冲刺。

继续冲刺到用完时间或体力耗尽为止。

**实验内容：**

尝试从头到尾不休息，一口气做完作业。

尝试用冲刺搭配休息的方式完成作业。

**观察点：**

从头到尾不休息时，你有什么感受？

冲刺搭配休息时，你有什么感受？

你比较喜欢哪一种方式？

## □ 清空一小块地方创造动能

**想一想：**

你是否因为不知该从何下手而困在原地？

**应用技巧：**

步骤 5：执行

**效果：**

在精力和专注力低落的时候，创造出胜利感。

**具体做法：**

找出一块需要清理的地方，或是一件小事（例如：叠衣服）。整理这块区域（运用捕捉／理清／整理工具）。

继续执行，直到整理完善。

小秘诀：自己制造乐趣。例如：一边听音乐或看电视一边做。

**实验内容：**

清理或整理一小块地方。

**观察点：**

你花了多少时间整理这块地方？

整理之前，你的感觉如何？

整理之后你又有什么感觉？

### □ 用时间卡分配时间

**想一想：**

你是不是一想到要做功课就很烦，不想做？

**应用技巧：**

步骤 5：执行

**效果：**

帮助你分配时间和专注力，让你可以在短时间内专注于某一件事。

**具体做法：**

准备一些卡片。

在每张卡片上写“10”，代表10分钟。

用便利贴一一写下你必须完成的作业或行动。

然后根据你的时间空当，拿出对应数量的卡片（假如你有60分钟，就拿6张卡片）。

接着开始“发牌”，你打算花几个10分钟完成哪个行动，就把几张卡片放在那张便利贴上。例如“准备物理课考试”发3张牌，“背英文单词”发1张牌，“休息”发1张牌。现在你可以设定计时器，用指定的时间去做每一件事。

**实验内容：**

尝试从头到尾不休息，一口气做完你的功课。

尝试用时间卡分配做功课的时间。

**观察点：**

从头到尾不休息的时候，你有什么感受？

分割为10分钟的工作时段让你觉得如何？

你比较喜欢哪一种方式？

## □ 制作行动卡片

**想一想：**

如果你有 30 分钟可用来推进某件事，你会做什么事？

**应用技巧：**

步骤 5：执行

**效果：**

帮助你在一段短暂的时间内集中注意力。

**具体做法：**

拿一张空白卡片。

查看你的日历和下一步行动清单。

选择 2~3 项可以在短时间内完成的事（例如：检查电子邮件、填写表格等）。

把这些事写在卡片上，每完成一项就打钩确认。

**实验内容：**

尝试在不用这张快速行动清单（卡片）的情况下，运用一小段时间做事情。

尝试使用这张快速行动清单，帮助你运用一小段时间做事情。

**观察点：**

你比较喜欢哪一种做事情的方式？

不使用快速行动清单时，你比较容易还是比较不容易专心？

## □ 边散步，边进行头脑风暴

**想一想：**

我要如何为一个项目“捕捉”大量的创意（例如：写一篇我要怎么过暑假的文章）？

**应用技巧：**

头脑风暴

计划地图

**效果：**

让你的项目目标和愿景触发新点子，并对其加以捕捉。

**具体做法：**

挑一个捕捉工具（例如：索引卡片），但不要选可能会使你分心的捕捉工具（例如：带提醒的手机）。

到外面散步（10~15 分钟就够了）。

把注意力放在你的项目主题上。

走一走，放松心情，让你的思绪游走。想到新点子时就写下来，一路上边走，边想，边记录。现在你准备好进入下一步：整理。

**实验内容：**

尝试不要一边散步一边进行头脑风暴，直接思考项目。

尝试一边散步一边进行头脑风暴，再思考项目。

**观察点：**

你散步花了几分钟？

想到几个点子？

改变环境是不是能激发你的创意？

## □ 捕捉 / 理清 / 整理房间（取代“收拾房间”）

**想一想：**

你是否曾经想用最少的力气整理房间？

**应用技巧：**

步骤 1：捕捉

步骤 2：理清

步骤 3：整理

**效果：**

让你花最少的力气清理房间！

**具体做法：**

拿一个大收集篮，在房间里展开杂事狩猎。

把所有不属于 REDS 的东西放进收集篮。

把收集篮里的东西一样样拿出来审视。

问自己："这是什么？"

然后根据你的回答，把这样东西放到该放的地方！

**实验内容：**

尝试随心所欲地整理房间。

尝试用捕捉 / 理清 / 整理的步骤整理房间。

**观察点：**

你更喜欢哪一种方式？

你有没有发现，杂事有各种不同的形状、大小和形式？

整理房间的行动是否触发了你心里的杂事（例如：我得帮这个相框换张新照片）？你把这些事捕捉下来了吗？

## ● 检查清单

检查清单……可以避免发生同样的失误，让我们用最少的必要步骤完成事情，而且一目了然。

——阿图·葛文德（《清单革命》作者）

### □ 回顾课程

**效果：**

帮助你在每一门课中发挥出最好的表现。

**具体做法：**

为每一门需要检视的课程制作一份专属的检查清单。（检查项目可能包括：是否完成作业？下一次考试？额外加分的机会？今天我参与课堂讨论了吗？大型项目的进度？我需要找老师约时间寻求帮助吗？）

每天或上课前检视一遍这份清单。

**实验内容：**

不使用检查清单，直接去上课，持续一星期。

上课前使用检查清单，持续数个星期。

**观察点：**

你觉得怎么样？

你有没有发现额外加分的机会？

你是否更加积极地参与课程？

你有没有在课堂活动时间以外找老师谈话？

你是否有“耶！我成功了”的感受？

还有没有需要加进检查清单的事项？

## □ 做家务

**效果：**

帮助你用更少时间和力气完成家务。

**具体做法：**

用你最喜欢的清单工具，制作一份你必须完成的家务检查清单。

**实验内容：**

不使用检查清单做家务。

使用检查清单做家务。

**观察点：**

你觉得怎么样？

你花了多少时间把事情做完？

你是否有“耶！我成功了”的感受？

你有没有忘记什么事情？如果有，赶快将其加进你的检查清单。

## □ 上学前

**效果：**

帮助你更快、更轻松地出门上学。

减少“糟了！我忘记”的时刻。

**具体做法：**

把你上学前需要检查的事项做成一份检查清单。

**实验内容：**

尝试一个星期，在出门上学前不使用检查清单。

尝试一个星期，在出门上学前使用检查清单。

**观察点：**

你使用检查清单时的感觉如何？

不使用检查清单时又是什么感觉呢？

你是否得到“耶！我成功了”的感受？

你有没有忘记什么？

如果有，结果怎么样？

如果有，赶快把这件事加进检查清单。

## □ 放学后

**效果：**

让你从离开学校的那一刻起，就能以更有效的方式运用时间、精力和注意力。

**具体做法：**

把你想在放学后检视的事项做成一份检查清单，帮助你保持适当的专注力并做正确的事。检查项可能包括：休息时间、做功课的时间、吃饭时间、活动时间、社交时间、与家人共处的时间等。

**实验内容：**

尝试一个星期，不使用检查清单，在放学后直接离开学校。

尝试一个星期，在离开学校时使用检查清单。

**观察点：**

使用检查清单时，你觉得放学后的时间过得怎么样？

不使用检查清单时，你又是什么感觉呢？

你是否有“耶！我成功了”的感受？

你是否注意到其他事情？

## □ 运动装备

**效果：**

减少“糟了！我忘记____”的时刻。

让你出门运动时，带着齐全的装备。

**具体做法：**

制作一份运动装备的检查清单。别忘了要包含需要签名的东西（例如：家长回条）。

**实验内容：**

尝试一个星期，不使用检查清单，直接出门运动。

尝试一个星期，在出门运动前使用检查清单。

**观察点：**

使用检查清单时，你觉得自己对这项运动的准备程度如何？

不使用检查清单时又是怎样的呢？

你是否有“耶！我成功了”的感受？

你有没有注意到其他事情？

## □ 运动技巧练习

**效果：**

让你在练习时保持专注力并进展顺利，以获得最佳的练习效果。

**具体做法：**

制作一份检查清单，列出增进运动技巧的重要练习项目。

**实验内容：**

尝试一个星期，不使用检查清单，直接练习运动技巧。

尝试一个星期，使用检查清单，练习运动技巧。

**观察点：**

使用检查清单时，你觉得自己的运动技巧有没有进步？

不使用检查清单时又如何呢？

你是否有“耶！我成功了”的感受？

你有没有注意到其他事情？

有没有出现什么问题？

## □ 运动比赛前

**效果：**

让你做更充分的准备。

**具体做法：**

制作一份检查清单，列出你需要检视或执行的重要备忘事项，为比赛做好充分的准备。

**实验内容：**

尝试一个星期，不使用检查清单，直接进行赛前准备。

尝试一个星期，使用检查清单，进行赛前准备。

**观察点：**

使用检查清单时，你觉得自己对比赛的准备程度如何？

不使用检查清单时又如何呢？

你是否有“耶！我成功了”的感受？

你有没有注意到其他事情？

有没有出现什么问题？

## □ 运动比赛后

**效果：**

增进你的反省能力与学习能力，为自己所参加的运动积累更多的经验与教训。

**具体做法：**

制作一份检查清单，列出你想在比赛后检讨的重要备忘事项和问题。

**实验内容：**

尝试一个星期，不使用运动赛后检查清单，直接练习。

尝试一个星期，使用运动赛后检查清单进行练习。

**观察点：**

使用检查清单时，你觉得自己对比赛的准备程度如何？

不使用检查清单时又如何呢？

有没有出现什么问题？

你有没有注意到其他事情？

你有没有发现任何需要加进“运动技巧练习检查清单”的事项？

**进阶行动：**

把你在每一场比赛中学到的东西加进“运动技巧练习检查清单”。

找搭档和队友一起制作清单，针对要检视的事项互相进行交流。

## □ 参加活动

**效果：**

减少“糟了！我忘记____”的时刻。

帮助你带着齐全的装备出门参加活动，让你在活动中表现出众。

**具体做法：**

制作一份检查清单，列出参加活动时需要准备的东西。别忘了要包含需要签名的东西（例如：家长回条）。

**实验内容：**

尝试一个星期，不使用活动检查清单，直接出门。

尝试一个星期，在出门前使用活动检查清单。

**观察点：**

使用检查清单时，你觉得自己对这项活动的准备程度如何？

不使用检查清单时又如何呢？

你是否有“耶！我成功了”的感受？

你有没有注意到其他事情？

## □ 活动技巧练习

**效果：**

帮助你加速技巧的经验累积，提高对活动的掌握程度。

**具体做法：**

制作一份检查清单，列出提高技巧的重要练习项目。

**实验内容：**

尝试一个星期，不使用活动技巧检查清单，直接练习。

尝试一个星期，使用活动技巧检查清单来练习。

**观察点：**

使用检查清单时，你觉得自己的活动技巧有没有进步？

不使用检查清单时又如何呢？

你是否有“耶！我成功了”的感受？

你有没有注意到其他事情？

有没有出现什么问题？

## □ 重要活动前

**效果：**

让你对所参加的活动做好更充分的准备。

**具体做法：**

制作一份检查清单，列出重要的提醒、检查点或要做的事情，为重要活动做好充分的准备。

**实验内容：**

尝试一个星期，不使用重要活动前检查清单，直接参加活动。

尝试一个星期，使用重要活动前检查清单，再去参加活动。

**观察点：**

使用检查清单时，你觉得自己对活动的准备程度如何？

不使用检查清单时又如何呢？

你是否有“耶！我成功了”的感受？

你有没有注意到其他事情？

有没有出现什么问题？

## □ 重要活动后

**效果：**

提高你对所参加活动的学习能力。

**具体做法：**

制作一份检查清单，列出你想在活动结束后检讨的重要备忘事项及问题。

**实验内容：**

尝试一个星期，在活动后，不使用重要活动后检查清单。

尝试一个星期，在活动后，使用重要活动后检查清单。

**观察点：**

使用检查清单时，你觉得自己对活动的准备程度如何？

不使用检查清单时又如何呢？

有没有出现什么问题？

你有没有注意到其他事情？

你有没有发现任何需要加进“活动技巧练习检查清单”的事项？

## □ 行李打包

**效果：**

减少“糟了！我忘记____”的时刻。

让你花更少的力气、更快地完成行李打包。

**具体做法：**

制作一份检查清单，列出旅行或出门过夜时需要打包的东西。

**实验内容：**

准备旅行时，尝试不使用检查清单来打包行李。

准备旅行时，尝试使用检查清单来打包行李。

**观察点：**

你在打包行李时有什么感觉？

你是否得到“耶！我成功了”的感受？

你有没有忘记什么东西？如果有，赶快加进你的检查清单。

## □ 搬进学校宿舍

**效果：**

减少“糟了！我忘记______”的时刻。

让你花更少的力气、更快地完成行李打包。

帮助你在打包时留意宿舍的空间，以控制行李的量。

**具体做法：**

制作一份检查清单，列出需要打包带到学校宿舍的东西。

**实验内容：**

尝试不使用检查清单来准备行李。

尝试使用检查清单来准备行李。

**观察点：**

你在打包行李时有什么感觉？

你是否有“耶！我成功了”的感受？

你有没有忘记什么东西？如果有，赶快加进检查清单。

## □ 新学期开始前

**效果：**

帮助你顺利迈入新学期。

帮助你在时限内登记要修的课程。

**具体做法：**

制作一份检查清单，列出你在新学期开始时该做的事。

**实验内容：**

不使用检查清单开始新学期（或者去观察其他人的表现）。

使用检查清单开始新学期（或者去观察其他人的表现）。

**观察点：**

登记下个学期的课程时，你有什么感受？

你是否有“耶！我成功了”的感受？

你有没有忘记什么？如果有，赶快加进检查清单。

在上个学期，你有没有学到对下个新学期有帮助的经验？如果有，赶快加进你的检查清单。

### □ 手机 / 计算机备份

**效果：**

让你即使遇到硬件故障也能重新开始，没有后顾之忧。

**具体做法：**

制作一份检查清单，列出需要定期备份的项目。

**实验内容：**

假如你遗失了手机或电脑，你要怎么办？你会损失哪些资料？

用这个假想的经历来制作检查清单，列出你需要备份的东西，制作自己的备份方案。

**观察点：**

知道你的资料有备份，你有什么感觉？

你是否有“耶！我成功了”的感受？

你有没有忘记什么？如果有，赶快加进检查清单。

## ● 项目清单

清单是我用来解析和管理一切的工具。
——亚当·萨维奇（《流言终结者》主持人）

### □ 购买歌曲

**效果：**

创建一个地方，用于追踪你将来也许想要购买的歌曲。

**具体做法：**

在你的清单系统中建立一个“想购买的歌曲清单”。

遇到吸引你注意的歌曲，就加进清单。

**实验内容：**

询问朋友和家人，他们最喜欢的歌曲有哪些。

把你有兴趣的歌曲加进清单。

**观察点：**

你捕捉到了什么？

你能多快把歌曲加进清单？

你把这份清单存放在哪里？

当你需要灵感、想要检视或回顾这张清单时，你能多快把它找出来？

拥有一份“想购买的歌曲清单”感觉怎么样？

## □ 礼物灵感

**效果：**

创建一个地方，用于追踪你将来也许想要送给亲友的礼物。

**具体做法：**

当你看到礼品的好选择，或是从别人那里得到礼品的灵感时，就把这个点子捕捉进清单里。这并不代表你决定要送出这份礼物，只是为了建立一份可供未来考虑的送礼清单。

**实验内容：**

在不经意间询问朋友和家人，他们收过最喜欢的礼物是什么。

把你得到的点子或灵感加进礼物清单。

**观察点：**

你能多快把点子加进清单里？

你把这份清单存放在哪里？

当你需要这份清单时，你能多快把它找出来？

拥有一份“礼物灵感清单”的感觉怎么样？

## □ 佳句收藏

**效果：**

创建一个地方，可以用来捕捉让你得到启发或是感觉有意思的佳句。

**具体做法：**

当你读到或听到不错的句子时，就将其捕捉进这份清单。

**实验内容：**

用一个星期的时间，看看有多少佳句或歌词引起了你的注意。

把这些佳句加进清单。

一个星期后，检视这份清单。

**观察点：**

你捕捉到了什么？

你能多快把句子加进清单？

你把这份清单存放在哪里？

当你需要灵感、想要检视或回顾清单时，你能多快把它找出来？

## □ 阅读计划

**效果：**

创建一个地方，用来捕捉你有空时可能想看的书。

**具体做法：**

当你听说或发现某一本书好像很有意思时，就将其捕捉进这份清单。

**实验内容：**

用一个星期的时间，询问亲友，他们最喜欢的书是什么。

把你有兴趣阅读的书加进清单。

一个星期后，检视这份清单。

**观察点：**

你捕捉到了什么？

你能多快把书目加进清单？

你把这份清单存放在哪里？

当你需要灵感、想要检视或回顾这份清单时，你能多快把它找出来？

## □ 感兴趣的电影 / 演出

**效果：**

创建一个地方，可以用来捕捉你将来可能想看的电影和演出。

**具体做法：**

当你听说或发现有意思的电影和演出时，就将其捕捉进这份清单。

**实验内容：**

用一个星期的时间询问亲友，他们最喜欢的电影或演出有哪些。

把你有兴趣观赏的电影和演出加进清单。

一个星期后，检视这份清单。

**观察点：**

你捕捉到了什么？

你能多快把电影或演出加进清单？

你把这份清单存放在哪里？

当你需要灵感、想要检视或回顾这份清单时，你能多快把它找出来？

## □ 电子游戏

**效果：**

创建一个地方，可以用来捕捉你未来可能想玩的电子游戏，或是想尝试的升级技巧。

**具体做法：**

当你发现有趣的游戏或技巧时，就将其捕捉进这份清单。

**实验内容：**

用一个星期的时间询问朋友在玩什么游戏。

把你有兴趣的游戏或想尝试的技巧加进清单。

一个星期后，检视这份清单。

**观察点：**

你捕捉到了什么？

你的游戏技巧进步了吗？

你能多快把游戏名称或技巧加进清单？

你把这份清单存放在哪里？

当你需要灵感、想要检视或回顾这份清单时，你能多快把它找出来？

## □ 问题清单

**效果：**

有了一个地方，可以用来捕捉你觉得有意思或有启发性的问题。捕捉问题的一大乐趣就在于创造出找出答案的可能。

**具体做法：**

当你发现或听到有意思或有启发性的问题时，就将其捕捉进这份清单。

**实验内容：**

用一个星期的时间，看看你能捕捉到多少个有意思的问题。

把这些问题加进清单。

一个星期后，检视这份清单。

**观察点：**

你捕捉到了什么？

你有没有捕捉到不同类型的问题？

其中是不是有些问题特别吸引了你的注意？

你能多快把问题加进清单？

你把这份清单存放在哪里？

当你需要灵感、想要检视或回顾这份清单时，你能多快把它找出来？

## □ “下次去 ＿＿＿，我想做的事情”

**效果：**

让你记住下次去某个地方时想要做的事。

**具体做法：**

当你造访一个地方时（例如：其他城市或度假地点），把你下次再来时想做的事捕捉起来。

**实验内容：**

回想一下你最近去过的很好玩的地方。

想想看，下次再去那里时你有没有想做的事或想看的东西？如果有，就加进清单里。

**观察点：**

你捕捉到了什么？

你能多快把想做的事加进清单？

你把这份清单存放在哪里？

当你需要灵感、想要检视或回顾这份清单时，你能多快把它找出来？

## □ 生日、纪念日和其他特殊节日

**效果：**

帮助你追踪重要的生日、纪念日等日子。

**具体做法：**

制作一张按月区分的简单清单。

写下每个月的特殊日子（例如：1 月 12 日——爸爸生日；3 月 3 日——安娜生日；10 月 23 日——爸妈结婚纪念日；11 月 14 日——我的生日！）。

至少每个月查看一次这份清单。

**实验内容：**

把亲友的生日和纪念日加进这份清单。

**观察点：**

拥有一张一目了然的清单，可以看到亲人朋友的生日和纪念日，让你有什么感觉？

你能多快把这些重要日子加进清单？

你把这份清单存放在哪里？

当你需要这份清单时，你能多快把它找出来？

# 词汇表

**杏仁核**

大脑中第一道防线的组成部分。它是大脑的“战或逃”机制的一部分。如果杏仁核感觉到危险或威胁，就会向身体发出警报。

**收集篮**

用来暂时存放等待处理的东西的容器，可以是实体的，也可以是数字的。

**日历**

用于追踪三种信息：（1）特定时间的行动；（2）特定日期的行动；（3）特定日子的参考信息。日历是每天第一个要查看的，看看自己今天承诺采取什么行动。

**捕捉**

收集（有时候是自己产生）可能有意义的想法或东西。这些想法或东西会引起你的注意或兴趣，可能需要你做出决定或是做些什么。

**检查清单**

一份个人化的清单，用于辅助特定的活动，将随着经验的累积而越来越完善。

**清理**

把所有实体杂事、数字杂事和可能存在于你心里的微妙心理杂事全部装进收集篮的状态。

**理清**

确认来自“捕捉”步骤的杂事的真正意义。

**掌控**

在你的现实生活中和各种情况下，保持稳定性和自主性。

**鹰前辈**

前额叶的拟人化角色，是一只有智慧的猫头鹰。

**更新**

所有清单（也就是你的“地图”）都是完整和准确的状态。

**创新**

发挥创造力，勇于冒险筑梦，或是尝试将来 / 也许清单上的东西。创新的自由，来自清空和更新。

**每日检视**

帮助你知道今天该做什么的检视动作。

**分心**

这是一个陷阱，它指所有干扰你专注力的东西，让你无法专注在想要专心的事情上。

**执行**

思绪清晰、完全投入且充满信心地去做你知道自己当下该做的事。

**GTD**

“搞定”（Getting Things Done）的英文缩写。

**专注高度**

能帮助你保存和读取不同视角高度的信息和地图的一个模型。

**查看地图**

查看你的日历、下一步行动清单或项目清单。

**头脑大扫除**
捕捉出现在你大脑里或吸引你注意的一切东西。

**杏小猴**
杏仁核的拟人化角色，是只小猴子。

**下一步行动**
推动某件事完成的下一步具体可见的行动，也就是“做”看起来是什么样子的。

**下一步行动清单**
一份完整的清单，上面列出不必在特定时间执行的行动。

**未画完的句号**
心头挂念着的任何未完成的事务，如果没有得到妥善管理，将持续影响大脑的工作效率。

**整理**
以实体化、视觉化或数字化的方式，把意义相近的东西放到各自的类别与位置。

**超负荷**
陷阱的一种，指大量事情以太多、太快且太频繁的方式向自己袭来的感觉。

**视角**
展望未来、看清楚自己要去哪里，以及为什么要去那里的能力。

**陷阱**
会自然发生但可能会引发麻烦的事物。本书介绍的两大陷阱是超负荷和分心。

**计划地图**
帮助你理清想法、制订计划和推进事务的一套实用工具。

**前额叶**

大脑的一部分，功能是分析和决策。负责解决问题，综合考虑你所看到、所做的一切，找出其中的意义。

**项目**

需要采取多个行动或分阶段才能完成的结果。

**项目清单**

这份清单能帮助你按照既定航线前进。它保存了你决定该做、需要多步行动才能完成的所有事情。项目清单上也描绘出了这些事情的结果，也就是这些事情“完成”的样子。

**准备好了的状态**

能够掌控自己的注意力、放松心情，并投入适当的精力专注于当下正在做的事。

**REDS**

参考资料（Reference）、设备（Equipment）、装饰品（Decoration）和文具用品（Supplies）这四类东西的英文缩写。

**参考资料**

不可行动但需要保存的资料。

**检视**

回顾并更新地图的内容，让地图内容符合你的现状，才能据此做出最佳选择。

**将来 / 也许**

以后你可能会想要采取行动但是现在还不需要有任何动作的事情。

**将来 / 也许清单**

列出你认为“有机会的话可能想要做的事”的清单。

**杂事**

出现在我们世界中的所有事物，涉及实体、数字、心理和情感层面。这些事物需要你做出决定或采取行动，但是你仍未做决定，更没有对决定的结果进行整理。

**杂事狩猎**

一种活动，目的是刻意扫描你身处的实体空间、数字空间或心理空间，找出需要你注意的所有东西。REDS 除外。

**冲浪板效应**

能够在落水之后重新回到准备好了的状态，也就是在“板上”和“板下”这两种状态之间循环的能力。

**丢弃 / 垃圾**

不需要也不想要的东西，属于不可行动的事项之一。

**引子清单**

在头脑大扫除时用来触发你思考的清单。

**两分钟法则**

如果一个行动可以在两分钟内做完，那就立刻去做！

**每周检视**

每周检视帮助你维持在准备好了的状态，共分为三个部分：第一部分“清空”是清空你的大脑，第二部分“更新”是更新你的系统以符合现状，第三部分“创新”则是为你的创意能量添加燃料。

**工作站**

你可以取得一切所需工具的地方，以有效执行“搞定五步骤”的步骤 1 到步骤 3。

# 致谢

我们在此要感谢数不清的家长和老师，他们在体验过 GTD 这套方法后，不约而同地表示如果自己能在成长阶段学会 GTD 就好了，呼吁我们为“我们的孩子”做些事。这成了我们出版这本书的主要动力。

我们（马克和迈克）想借此机会感谢戴维·艾伦邀请我们加入这个项目。原版的《搞定》带给我们极大的启发，而且戴维的智慧、爱心、幽默、慷慨和他的指引，更让我们深感自己的不足，力图精益求精。

我们要谢谢乔·比尔德，以及他所率领的“神通巨人”团队（公司网址 bionicgiant.com），不仅要谢谢他们在插图部分给予我们很多支持和指导，更要谢谢他们的鼓励，以及参与改善全世界青少年人生的这个事业。

我们要谢谢梅格·爱德华兹在本书早期阶段提供的建议和帮助，她一直乐于助人（无论是成人还是孩子），她的热情从来不曾消退，总是鼓舞人心。特别感谢她以创新的方式，在 GTD 中娴熟地应用她对注意力缺失症（ADD）和注意力不足过动症（ADHD）的专业知识，让许多成人和学生减轻压力，得到乐趣。她是这个领域的顶尖高手，谢谢她的热心分享与真知灼见。

还有很多人付出了宝贵的时间和心力一路扶持这本书。谢谢莫妮卡 · 罗素、莉齐 · 蔡平、安娜 · 阿姆斯特朗与汉纳 · 威廉斯的编辑建议。谢谢多伊 · 库弗从开始阶段就陪伴我们，提供指引。谢谢里克 · 科特及企鹅出版社的团队协助我们越过终点线，把这本书送到全世界青少年、家长和教师的手中。

另外，有许许多多的人参与了这个项目，在此致上万分谢意，很抱歉无法一一列出所有人的名字，但我们心存感激。特别感谢安妮 · 古特、康拉德 · 威廉斯、托德 · 瓦勒斯、路易斯 · 金和马克西姆 · 金、杰夫 · 波利巴、黛博 · 佩卡瑞克、查尔斯 · 佛瑞德、崔斯坦 · 萨拉特、彼得 · 霍尼、Rooms7&8、玛吉 · 魏斯、法兰克 · 萨波、麦克一家人、丹 · 罗姆、杰夫 · 尔比、亚曼达 · 多伊利、埃文 · 陶本菲德、凯尔 · 史提尔、克莉丝 · 查斯尔、杰森 · 史帕福德，以及凯文 · 布尔。

马克和迈克

## 补充信息

请至本书专属网站 gtdforteens.com 了解更多相关信息、故事和资源。

欢迎追踪我们的推特、照片墙、色拉布（Snapchat）、
拼趣（Pinterest）、脸书和优兔最新动态，请搜寻 @gtdforteens。

也欢迎使用 #gtdforteens 标签来标记我们。

GTD® 是 Getting Things Done®( 搞定 ) 商标缩写，即戴维 · 艾伦独创的工作–生活管理系统，旨在帮助人们从高压和不确定状态提升到无压高效的整体状态。

在管理承诺、信息和沟通方面，GTD® 是一种高效的方法，集结了 30 年的经验，包括在全球范围内向数百万人提供咨询服务、私教辅导、培训和组织项目。它在个人和组织效率领域被称为“黄金标准”，为众多寻求最大化效率和创造力、最小化压力的团队所使用。

ThrivinAsia 是戴维 · 艾伦公司 ( David Allen Company) 在中国的唯一指定合作伙伴。我们的团队和专家致力于帮助您和您的组织在工作和生活中全面而高效地实施 GTD 方法。

我们提供由戴维 · 艾伦独创的国际认证 GTD® 精通工作流培训和教练项目，40% 的《财富》世界 500 强公司、创业者和创业项目、政府和非政府组织、教育机构、高科技公司都在使用我们提供的方法。它不仅能够提升你的工作效率，还能释放你的创造力，并引领你走向无压的生活状态。

如需联系我们，了解 GTD 在中国的最新活动信息，欢迎访问 gtd-cn.com

微博：@GTD 搞定

微信公共号：GTDAsia 搞定